食品ロスをなくして節約!

野菜が長持ち&
使い切るコツ、教えます!

島本美由紀

JN012504

小学館

半数近くは、なんと家庭から！
食品ロス1位は「野菜」！

食品ロスとは、食べられるのに捨てられてしまう食品のこと。食品ロスの半数近くは一般家庭から出ています。「食品ロス削減推進法」が2019年10月に施行され、今後ますます関心が高まりそうです。まずは現状を知って、できることから始めてみましょう。

毎日、お茶碗1杯分の食べ物を捨てている！

　日本の食品廃棄物は、年間約2550万トン、このうち食べられるのに捨てられている食品ロスの量は、年間約612万トン（2017年度）。これは、日本人ひとりあたり1年で約48キログラム、毎日お茶碗1杯分の食べ物（132グラム）を捨てているのと同じ量。

　食品ロスが発生するのは、飲食店や小売店などの事業系と、一般家庭とがありますが、約612万トンのうち、家庭から出る食品ロスは約284万トンです。

年間2万円以上、捨てている!?
食品ロスによって、ひとり年間2万2000円を捨てているというデータもあります（横浜市の2018年度推計）。食品ロスを減らすことで、家計の節約にも。

● 食品ロスの発生量 （2017年度）

食品廃棄物等 **2550万トン**

食品ロス **612万トン** 2017年度

事業系 **328万トン**	家庭系 **284万トン**

事業系とは、外食産業、食品製造業、食品小売業などのことです。

国民ひとりあたり
食品ロス量

1日	約**132g**
年間	約**48kg**

家庭からの食品ロスは約**46**%

参考：環境省　報道発表資料　2020年4月14日

家庭の食品ロス、3大要因

　家庭から出る食品ロスの内訳は、大きく分けて3つあります。「食べ残し」が比較的多いものの、野菜などの皮のむきすぎや取り除きすぎといった「過剰除去」、消費（賞味）期限が切れて食品を捨ててしまう「直接廃棄」が、ほぼ同じ割合です。

直接廃棄
冷蔵庫に入れたまま、消費期限が切れるなどして調理されることなく捨てられるもの。

食べ残し
作りすぎ、買いすぎ、好き嫌いなどで残したもの。

● 家庭系食品ロス内訳（2016年度）

直接廃棄 **30.6**%
過剰除去 **30.9**%
食べ残し **38.5**%

過剰除去
野菜や果物の皮を厚くむきすぎたり、取り除きすぎたりしたもの。

参考：消費者庁消費者教育推進課
「食品ロス削減関係参考資料
令和2年3月31日版」

食品ロスを減らすには？

　家庭の食品ロスのうち、半数近くを占めるのが「野菜」です。保管場所が悪くて腐らせたり、冷凍したまま忘れて数か月経ってしまったことはありませんか？　野菜の上手な保存法を知り、それを調理して使い切ることで、食品ロスを減らし、環境にも家計にもやさしい好循環が生まれます。

「その他」とは、「でんぷん」、「豆類」、「きのこ類」、「卵類」、「生鮮海藻類」、「砂糖類」、「油脂類」、「調味料類」、「菓子類」及び「飲料類」を合計したもの。

● 食品別の食品ロス内訳（2014年度）

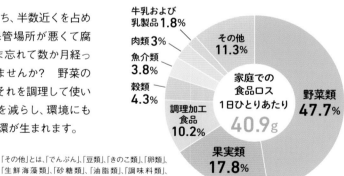

牛乳および乳製品 **1.8**%
肉類 **3**%
魚介類 **3.8**%
穀類 **4.3**%
調理加工食品 **10.2**%
その他 **11.3**%
野菜類 **47.7**%
果実類 **17.8**%

家庭での食品ロス
1日ひとりあたり
40.9g

STOP 食品ロス！ ほかにも

● 買いすぎに注意する
- ☑ 冷蔵庫は整理整頓して、ストックを把握する
- ☑ 消費（賞味）期限内に使い切れる量だけを買う

● 料理のときは…
- ☑ 作りすぎない、あるいは残さず食べる
- ☑ 野菜の過剰除去に気をつける（次ページ参照）

参考：農林水産省「食品ロス統計調査報告（世帯調査）」　https://www.maff.go.jp/j/tokei/kouhyou/syokuhin_loss/

食べられるのに 捨てている！

家庭の食品ロスの3割を占めているのが過剰除去。野菜の皮や種など、食べられないと思って捨てていた部分にこそ、実は大事な栄養が詰まっています。捨てずに調理して、食品ロスを減らし、栄養を丸ごといただきましょう。

にらの根元

にらの根元は血液サラサラ、疲労回復効果があるアリシンが多いので、切り落とさずに使います。

じゃがいもの皮

皮に近い部分ほど、クロロゲン酸というポリフェノールの一種で抗酸化作用のある成分が多いので、厚くむきすぎないように。

にんじんの皮とヘタ

にんじんは中心より外側のほうが栄養たっぷり。とりわけ皮は β-カロテンがたくさん含まれていますから、むかずに調理します。ヘタは消化酵素が豊富なので、土の汚れを楊枝で取って細切りにして食べましょう。

ピーマンの種とワタ

ピーマンの種とワタには、血液をサラサラにする効果のあるピラジンが豊富です。

ゴーヤーのワタ

ワタにはビタミンCが果肉部分よりも多く含まれています。

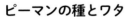

ブロッコリーの茎

ビタミンや食物繊維が花蕾（からい）より多いので、固い外側をむき、薄切りやみじん切りにして調理しましょう。

かぼちゃの種

タンパク質、ビタミンB群、ビタミンEがたっぷり。また、コレステロール値を抑えるリノール酸などの不飽和脂肪酸が豊富です。

長ねぎの緑の部分

β-カロテンやカルシウムが豊富。また、ネバネバするのは、フルクタンという水溶性食物繊維の一種。腸内環境を整え、免疫力を高めたり、食後血糖値の上昇を抑えたりする働きもあります。

れんこんの皮

皮に近い部分には、ビタミンCやポリフェノールが含まれています。しっかり土を洗い流して、歯ざわりが気になる人は、薄切りなどで調理するといいでしょう。

ほうれん草の根元

根元の赤い部分には、貧血を予防する鉄分や、骨を作るマンガン、ポリフェノールなどが豊富です。十字に切り込みを入れて洗えば、土もきれいに落とせます。

キャベツや白菜、レタスなどの外葉と芯

何枚か捨ててしまうことの多い葉野菜の外葉ですが、ビタミンCが豊富です。また芯には、カリウムなどのミネラル類が多く含まれ、レタスの芯にはラクチュコピクリンという鎮静効果がある成分も。

 ## 皮ごと食べて、農薬の心配はないの?

 ## 残留農薬は心配しなくて、大丈夫!

農作物を害虫や病気から守ったり、雑草を生えにくくしたりする農薬。野菜を皮ごと食べるというと、農作物に残った残留農薬を気にする人がいるかもしれません。現在使われている農薬は、健康や環境への影響などについて確かめられ、国に認められたものだけです。販売時に、皮ごと・洗う前の状態で、基準値を超える農薬が残らないよう、使い方も定められています。残留農薬が基準値を超えている食品は販売することができませんので、野菜の皮も安心して食べられます。

参考:内閣府食品安全委員会「科学の目で見る食品安全」

野菜は適した場所で、正しく保存

冷蔵庫は食品の保存や鮮度のために、場所ごとに温度設定されています。各野菜に適した場所で保存して、最後までおいしく使い切りましょう。

※位置や設定温度は機種やメーカーによって多少異なります。

ドアポケット
冷蔵室よりやや高め

冷気が届きにくく、ドアの開閉による温度変化もあるため、冷蔵室より温度がやや高めに。調味料や飲み物など、温度変化に強い食品の保存がおすすめ。

冷蔵室
3〜6℃

すぐに使うもの、よく使うものを低温保存する場所。上段より下段、手前より奥の温度が1〜2℃低いです。要冷蔵とは、10℃以下を指します。

チルド室
0〜2℃

生鮮食品を保存する場所。冷蔵室よりも低温が維持され、鮮度保持効果も高く、扉のおかげで冷気が逃げにくいです。発酵や熟成なども防いでくれます。

野菜室
5〜8℃

野菜、果物全般を保存しておく場所。冷蔵室に比べて温度と湿度が少し高めになっています。乾燥するので保存袋などを利用して保存を。

冷凍室
-20〜-18℃

食材を冷凍して長期間保存する場所。左右開きに比べて引き出し式は、冷気が逃げにくいとされています。要冷凍とは-15℃以下を指します。

常温保存について

常温保存と書かれていたら、15〜25℃の直射日光が当たらない風通しのよい場所で保存します。基本的には冷蔵庫に入れなくてもよいですが、湿度や温度が高い梅雨の時期や夏場は、冷蔵庫の冷蔵室や野菜室に移動するなど、保存場所を変えていきましょう。ちなみに「冷暗所」は14℃以下の、温度が一定で日の当たらない涼しい場所のこと。一軒家なら台所の床下、マンションなら玄関が冷暗所にあたりますが、スペースの確保が難しい場合や夏場などは、冷蔵室や野菜室を利用しましょう。3〜8℃程度で、開けていないときの庫内は真っ暗なので、どちらも冷暗所として利用できます。

保存に必要なもの

野菜を冷蔵保存する際に必要なアイテムをまとめました。なるべく早いうちに食べ切ることが鉄則ですが、正しい保存法を知って野菜を長持ちさせましょう。

食品用ラップフィルム

常温、冷蔵、冷凍と、食材の保存に欠かせません。大小揃えておくと保存するものの量や大きさに合わせ、むだなく使い分けができます。

ポリ袋・保存袋

冷気や乾燥から食材を守ります。食材を入れたら、中の空気を抜いて保存しましょう。冷凍には専用の保存袋を用います。大小あると便利。

保存容器

ラップで包みにくいものや、小さいもの、水につけたい食材などの保存には、蓋付きの保存容器が使いやすいです。

ペットボトルなどの空き容器

野菜を立てて保存するときに役立ちます。使用後のペットボトルを洗ってよく乾かしたら、野菜室のスペースに合う高さに切ります。切り口で指を切ることがないよう、マスキングテープなどを貼っておきましょう。空き瓶やグラスなども便利です。

キッチンペーパー

食材の水けを拭き取ったり、水で濡らして野菜を包み、水分補給をしたりするのに使います。そのまま包んで、過度の冷気や乾燥を防ぐ効果も。

新聞紙

大きな野菜や泥付きの野菜などを保存したいときや、乾燥から守りたいときに、常温でも冷蔵でも使えます。なければ、キッチンペーパーで代用可。

Contents

1章
葉野菜・発芽野菜

2章
実野菜

3章
根菜、きのこ類

4章
薬味、香味野菜

column
見せて、見せて!
冷蔵庫の野菜収納術 …… 95

6章
どっさり野菜レシピ

この本の使い方

調べたい食材を目次（P8-10）と索引（P110-111）から探して活用してください。
保存期間は目安です。季節や住環境などによって変わることがあります。

1 旬
もっともおいしい時期。

2 選び方
新鮮でおいしいものを選ぶポイント。

3 主な栄養成分
その食材に含まれる主な栄養素です。栄養素の詳しい説明はP12にあります。

4 解説
食材の特徴、栄養成分と働き、おすすめの調理法などを解説。

5 保存方法
保存方法と保存場所、期間を紹介。

6 冷凍の場合
冷凍する場合の保存方法と期間、調理法などを紹介。

7 ミニレシピ
食材を活用でき、手軽に作れるレシピを紹介。

8 コラム
関連するトピックスを紹介。

レシピについて

- 小さじ1=5mℓ、大さじ1=15mℓです。
- 電子レンジは600Wを使用。500Wを使用する場合は、加熱時間を1.2倍にしてください。オーブントースターは1000Wを使用しています。どちらも機種などによって加熱時間には多少差がありますので、様子を見て加減してください。

栄養成分について

この本で扱う食材の主な栄養素の役割を紹介します。さまざまな種類をバランスよく摂取するようにしましょう。

タンパク質	筋肉や臓器、皮膚などを作る主成分で、体内でエネルギー源になります。豆類に多く含まれます。
炭水化物	糖類と食物繊維からなる成分で、食物繊維は体内で消化・吸収されませんが、糖類は体内で即効性のあるエネルギー源になります。不足することはあまりありませんが、摂りすぎると肥満に結びつきやすいので、要注意。いも類に多く含まれます。
脂質	体内でエネルギー源になるほか、細胞膜や血液の成分になるため、粘膜や皮膚の健康に欠かせません。豆類や乳製品に多く含まれます。
ビタミン A	皮膚や粘膜を強くするほか、目の健康に必要な成分。主に緑黄色野菜に含まれるβ-カロテンは体内でビタミンAに変わり、抗酸化などに役立ちます。
ビタミン B$_1$	糖質をエネルギーに変える代謝をスムーズにします。不足すると、疲労物質が溜まりやすくなったり、太りやすくなったりします。豆類に多く含まれます。
ビタミン C	抗酸化作用があり、老化や動脈硬化を予防するほか、ストレスを弱めたり、鉄の吸収を助けたりする働きも。水溶性で加熱に弱いので、調理には工夫が必要です。葉野菜や実野菜に多く含まれます。
ビタミン D	カルシウムの吸収を助け、骨や歯を作るのに役立ちます。不足すると骨粗しょう症に。きのこ類に多く含まれます。
ビタミン K	出血時の凝固作用を助け、骨を保護する働きがあります。不足すると、出生直後の赤ちゃんに起こる「新生児・乳児ビタミンK欠乏性出血症」を招くため、妊娠後期の女性は特に摂取したい栄養素です。
葉酸	新しい赤血球や細胞を作るのに欠かせない成分で、特に妊娠初期には必要。また、貧血や認知症、脳梗塞を防ぐ働きもあるといわれています。緑色野菜に多く含まれます。
カルシウム	体に最も多く含まれるミネラルで、骨や歯を作るほか、心臓や筋肉、ホルモン分泌などの調整に働きます。不足すると骨粗しょう症に。キャベツや小松菜、春菊、青梗菜、ブロッコリーなどに多く含まれます。
鉄	血液に含まれるヘモグロビンなどの成分になります。不足すると貧血、頭痛等に。キャベツ、菜の花、ほうれん草、小松菜、ブロッコリー、ゴーヤ、乳製品などに多く含まれます。良質なタンパク質やビタミンCを含む食材を一緒に摂ることで、体内への吸収率がアップします。
食物繊維	食品に含まれて、体内で消化・吸収されないさまざまな成分。血糖値の上昇を防ぎ、コレステロールの排泄効果がある水溶性と、便秘の解消や大腸がんを防ぐ不溶性があります。ごぼうやオクラ、いんげん、ほうれん草、ブロッコリーなどに多く含まれます。

1章

葉野菜・発芽野菜

みずみずしいおいしさを味わいたい葉野菜や発芽野菜。
すぐにしなびたり、葉が縮んだりしてしまいますが、
水を吸わせてあげれば、驚くほど長持ちします。

キャベツ

旬 3月〜5月、11月〜2月

選び方
外葉が濃い緑で、
ずっしりと重いもの

主な栄養成分
ビタミンC・K・U、
葉酸、食物繊維

大きめの外葉2枚ほどで、1日の必要量が摂れるほどビタミンCが豊富。キャベツならではの栄養素としてはキャベジンともいわれるビタミンUがあり、葉よりも芯に多く含まれ、胃粘膜の修復や胃潰瘍の改善・予防などに効果があります。

春キャベツの保存法は？

冬に種をまき、春から初夏に収穫する4月〜6月が旬の春キャベツは、巻きがゆるくてふわっとした、軽いものを選びましょう。冷蔵の保存法は冬キャベツと同じで、1週間ほど鮮度を保てます。なお、春キャベツは水分が多いので冷凍しないほうが食感よく食べられます。甘くてやわらかいので、サラダなど生食で食べるのがおすすめです。

丸ごとの場合

芯を切り抜き、濡らしたペーパーを詰めて保存

野菜室で**2〜3**週間

芯を切り抜く

包丁の刃先で三角形に芯を切り抜き、濡らしたキッチンペーパーを詰めます。

ポリ袋に入れて、芯を下にして保存。ペーパーが乾いたら取り替え、外葉から使います。

外葉には
ビタミンCが！

ポリ袋に
入れて

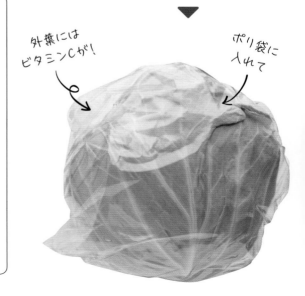

切り口をペーパーで覆い保存

野菜室・冷蔵室で**7**日

水分が黒ずみの原因になるので、切り口を
キッチンペーパーで覆いポリ袋に入れます。

▼

切り口を
下に

キッチンペーパーをかぶせた切り口を下に
して保存。ペーパーが湿ったら取り替えます。

▼

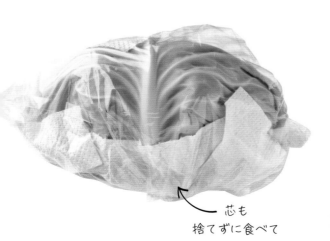

芯も
捨てずに食べて

Recipe

キャベツのチーズ炒め

作り方(2人分)

フライパンにバター10gとおろしにんにく少々
を入れて中火で熱し、ひと口大に切ったキャ
ベツ⅛個分を加え軽く混ぜる。ピザ用チー
ズ30gを加え、蓋をして1分蒸し焼きにし、塩・
黒こしょうで調味する。

冷凍するなら

3～4週間

使いやすい大きさに切って、冷凍
用保存袋に入れて冷凍。凍ったま
ま炒め物やスープに、また、自然
解凍して水けを絞れば和え物にも。

15

白菜

旬 11月～2月

選び方

葉先までしっかり巻きつき、
ずっしりと重いもの

主な栄養成分

ビタミンC・K、カリウム、
食物繊維

丸ごとの場合

新聞紙で包み立てて保存

風通しのよい場所・冷暗所で
2～3週間

新聞紙で
すべて包む

水 分が90%以上の淡色野菜ですが、外葉の緑が濃い部分はβ-カロテンを含みます。ビタミンCも外葉に多いので、なるべく捨てずに食べましょう。アブラナ科のほかの野菜（キャベツ、小松菜、ブロッコリーなど）と同様に、がんの予防効果が期待できるアリルイソチオシアネートもあります。

新聞紙で丸ごと包み、風通しのよい場所や冷暗所に根元を下にして立てて保存。冷えると甘くなるので、野菜室でも。

白菜を食べるときは中心から

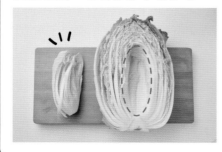

白菜は、収穫されてからも生長しようと外葉から中心に向けて栄養を送りつづけますので、中心から先に食べることをおすすめします。白菜の中心をくり抜き2、3日置くと、甘みと栄養が外葉にそのまま蓄積されて全体が甘くなります。

切り口をペーパーで覆い保存

野菜室・冷蔵室で**7**日

黒ずみの原因になる水分を取るため、切り口をキッチンペーパーで覆い、ラップで包みます。切り口を下にして野菜室か冷蔵室で保存。中心部をくり抜いた白菜も、同様に保存します。

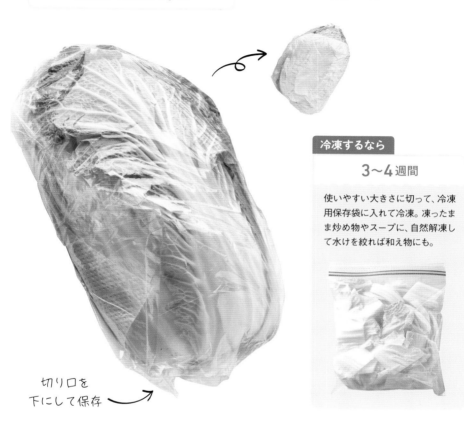

切り口を
下にして保存 →

冷凍するなら

3～4週間

使いやすい大きさに切って、冷凍用保存袋に入れて冷凍。凍ったまま炒め物やスープに、自然解凍して水けを絞れば和え物にも。

Recipe

白菜の塩麴漬け

作り方（作りやすい分量）

ポリ袋にざく切りにした白菜⅛個分、塩麴大さじ2、酢小さじ2を入れ軽くもむ。空気を抜いて袋の口を縛り、冷蔵庫でひと晩置く。器に盛り、あれば柚子の皮の千切りを飾る。

長ねぎ

旬 11月～2月

選び方

葉先が鮮やかな緑で
白い部分がかたいもの

主な栄養成分

β-カロテン、ビタミンC・K、
葉酸、カリウム、食物繊維

根 深ねぎともいわれる長ねぎ。ね
ぎ類特有のつんとくる香りは硫
化アリルという成分で、空気に触れると
アリシンに変わり、疲労回復や冷えの改
善、がんや動脈硬化の予防に力を発揮。
抗菌・殺菌作用もあるため、風邪予防にも。
緑の部分はβ-カロテン、ビタミンCなど
が豊富ですから、捨てずに食べましょう。

切り口を水につけて保存
冷蔵室で 10～14日

長さを短くする
保存容器の長さに合わせて切り、根元
のほうが下になるように保存容器にす
べて入れます。

根元を下に
水を2cmほどそそぎ、立てて保存。ねぎ
を使うときか、3日おきに水を取り替え
ます。

根元に近い側を水に

ねぎとしらすの
炊き込みごはん
（白い部分）

作り方（2人分）

米1合は洗って炊飯器に入れ、しょうゆ・酒各小さじ2、顆粒和風だし小さじ½、おろししょうが½片分を加えてから目盛りまで水を注ぐ。しらす50gと小口切りにしたねぎの白い部分1本分を加え、炊く。

ツナとねぎの
卵焼き
（緑の部分）

作り方（2人分）

ボウルに卵2個、ツナ½缶、粗みじん切りにしたねぎの緑の部分1本分、塩・こしょう各少々を入れてよく混ぜる。ごま油大さじ3を入れ中火で熱したフライパンに、スプーンでひと口大に流し入れ、両面焼く。

冷凍するなら

1か月

冷凍用保存袋の大きさに合わせて切り、冷凍。凍ったまま切れるので、使う量だけ取り出します。斜め切りやぶつ切りで冷凍しても便利。

レタス

旬 **4月〜9月**

選び方 巻きがゆるくて軽く、切り口が変色していないもの

主な栄養成分 ビタミンC・E・K、カリウム、鉄、食物繊維

ビタミン類、ミネラル、食物繊維などを含むレタス。野菜としてはビタミンEが多めで、生活習慣病の予防、美肌などに効果を発揮。刃物で切ると酸化して変色するため、手でちぎって調理しましょう。またビタミンCは水溶性なので、洗いすぎに注意。

切り口は下にして

カットの場合

切り口をペーパーで覆って保存

野菜室・冷蔵室で5日

水分が抜けるのを防ぐため、切り口をキッチンペーパーで覆ってポリ袋に入れ、切り口を下にして保存。

丸ごとの場合

芯に爪楊枝を刺して保存

野菜室で2〜3週間

生長点（新しい細胞を作る組織のあるところ）が芯にあるので、働きを止めるため爪楊枝を刺します。キッチンペーパーで包み、ポリ袋に入れて芯を下にして保存。

Recipe

豪快レタスのサラダ

作り方（2人分）

レタス½個は厚みを半分に切って器に盛り、温泉卵1個をのせる。牛乳・オリーブオイル各大さじ2、マヨネーズ・粉チーズ各大さじ1、塩小さじ⅓、すりおろしにんにく少々を混ぜ合わせてかける。

冷凍するなら

3週間

ひと口大に手でちぎり、冷凍用保存袋に入れて冷凍。サラダなどには不向きなので、凍ったままスープや炒め物に使います。

サニーレタス

旬 **12月～3月**

選び方 葉先が濃い赤紫で、ハリがありみずみずしいもの

主な栄養成分 β-カロテン、ビタミンE・K、カルシウム、鉄

レタスより栄養価が高く、骨粗しょう症の予防に役立つカルシウム、ビタミンKが豊富。葉先の赤紫はアントシアニンというポリフェノールの一種で抗酸化作用が期待できます。なお、ロメインレタスやフリルレタスといった非結球レタスは、すべて同じ保存法でOKです。

袋に水を
入れて

Recipe

明太子の
サラダうどん

作り方（2人分）

表示通りに加熱した冷凍うどん2玉、薄皮を取った明太子50g、バター15g、牛乳大さじ1と½、しょうゆ大さじ½をボウルに入れてからめ、ひと口大にちぎったサニーレタス適量を加えて和え、刻み海苔を飾る。

根元を
水につけて保存

野菜室で**2週間**

ポリ袋に水を少し入れて根元を浸し、袋の口を縛ってペットボトルなどの空き容器に立てて、野菜室で保存。水がなくなったら足します。

冷凍するなら

3週間

食べやすい大きさに手でちぎり、冷凍用保存袋に入れて冷凍します。サラダなどには不向きなので、凍ったまま炒め物やスープに。

ぼうれん草

旬 12月～1月

選び方 葉が肉厚で緑が濃く、葉先までピンとしたもの

主な栄養成分 β-カロテン、ビタミンC・E・K、葉酸、鉄、カルシウム

鉄 分含有量が野菜トップクラス、貧血の予防・改善に効果大です。葉には葉緑素のクロロフィルがたっぷり含まれ、二日酔いによいとも。アクはシュウ酸によるもの。さっと湯がくか、食品用ラップフィルムで包み電子レンジにかけ、やけどをしないようラップごと水にさらしてから外し、アク抜きしてもOK。

根元を下に立てて保存

野菜室で7日

購入した袋（未開封）のまま立てて保存します。使った残りは傷んでいる葉を取り除き、葉を中心にキッチンペーパーで包んでポリ袋に入れ、ペットボトルなどの空き容器に立てて保存。

根元も捨てないで！

赤い根元は葉より鉄分が多く、骨の形成や糖質・脂質の代謝、抗酸化作用などの働きがあるマンガンを含みます。十字に切り込みを入れてゆでて食べましょう。

Recipe

ぼうれん草のなめたけ和え

作り方（2人分）

ほうれん草½束は根元を十字に切り、熱湯でゆで、冷水にとって水けを絞る。3cm長さに切ってボウルに入れ、なめたけ大さじ2とごま油小さじ½を加えて和え、器に盛る。

冷凍するなら

3～4週間

使いやすい長さに切って、生のまま冷凍用保存袋に入れて、空気を抜いて冷凍。自然解凍して、流水で洗いアクを流し、水けを絞り、おひたしや和え物などに。少量なら凍ったまま調理も可。

小松菜

緑 黄色野菜のひとつで、鉄分をほうれん草と同じくらい含みます。またカルシウムも豊富なので、貧血や骨粗しょう症の予防にぴったり。ほうれん草と違いアクが少ないので生でも食べられますが、さっと加熱すると量をたくさん食べられるのでおすすめ。

根元を下に立てて保存

野菜室で7日

購入した袋（未開封）のまま立てて保存します。使った残りは傷んでいる葉を取り除き、葉を中心にキッチンペーパーで包んでポリ袋に入れ、ペットボトルなどの空き容器に立てて保存。

Recipe

小松菜とちくわの煮びたし

作り方（2人分）

鍋に水200mℓ、しょうゆ・みりん各大さじ1、顆粒和風だし小さじ½を入れ中火で煮立て、4cm長さに切った小松菜½束分、1cm幅の斜め切りにしたちくわ2本分を加え、5分ほど煮る。

冷凍するなら

3～4週間

使いやすい長さに切って、生のまま冷凍用保存袋に入れて空気を抜いて冷凍します。自然解凍して水けを絞り、おひたしや和え物に、凍ったまま炒め物やスープにも使えます。

春菊

旬 **11月〜3月**

選び方 茎が細く、葉が上についた、香りの強いもの

主な栄養成分 β-カロテン、ビタミンC・E・K、葉酸、カルシウム、鉄、カリウム

菊 菜とも呼ばれる春菊は、ビタミン、ミネラルが豊富で、葉の緑に含まれるクロロフィルが優れた抗酸化作用を発揮。また独特の香りはα-ピネン、ペリルアルデヒドによるもので、胃もたれの解消、消化促進効果が。旬の時期なら葉も茎もやわらかいので、香りを楽しめる生食もおすすめ。

濡らしたペーパーで根元を包み立てて保存

野菜室で7日

傷んでいる葉は取り除き、濡らしたキッチンペーパーで根元を包みポリ袋に入れ、グラスなどに入れて、立てて保存。水に挿してもいいでしょう。

水で濡らしたペーパーを巻く

Recipe

春菊のサラダ

作り方（2人分）

春菊½束は3cm幅に切って軽く水にさらす。ボウルにごま油大さじ1と½、酢・白いりごま各大さじ½、顆粒鶏がらスープの素小さじ¼を入れてよく混ぜ、水けを拭き取った春菊を入れ和える。

冷凍するなら

3〜4週間

使いやすい長さに切って、生のまま冷凍用保存袋に入れ、空気を抜いて冷凍します。自然解凍して水けを絞り、おひたしや和え物に、凍ったまま炒め物やスープにも使えます。

青梗菜
チ ン ゲ ン サ イ

旬 9月〜1月

選び方 葉が鮮やかな緑で、葉も茎も肉厚なもの

主な栄養成分 β-カロテン、ビタミンC・K、葉酸、カルシウム、鉄

止 血や骨の健康維持に欠かせないビタミンKが豊富です。免疫力アップや美肌効果が期待できるβ-カロテン、ビタミンCなども含有。また辛味成分のアリルイソチオシアネートを含み、消化を助け、血栓予防も。油と一緒に調理すると、β-カロテンが吸収しやすくなります。

根元を下に立てて保存

野菜室で7日

購入した袋（未開封）のまま、立てて保存します。使った残りは傷んでいる葉を取り除き、ポリ袋に入れ、ペットボトルなどの空き容器に立てて保存。

Recipe

青梗菜とコーンの にんにく炒め

作り方（2人分）

青梗菜1株は葉をざく切り、茎を縦8等分に切る。フライパンにごま油小さじ2と薄切りにんにく1片分を入れて中火で熱し、青梗菜の茎、葉、コーン50gの順に炒め、顆粒鶏がらスープの素小さじ½で調味する。

冷凍するなら

3〜4週間

使いやすい長さに切って、生のまま冷凍用保存袋に入れ、空気を抜いて冷凍します。自然解凍して水けを絞り、おひたしや和え物に、凍ったまま炒め物やスープにも使えます。

水菜

旬 12月〜3月

選び方 葉先はピンとして、茎は白くハリがあり、まっすぐなもの

主な栄養成分 β-カロテン、ビタミンC・E・K、葉酸、カリウム、カルシウム、鉄

京菜とも呼ばれる水菜は抗酸化作用のあるビタミン類が豊富。高血圧を予防するカリウム、貧血を改善する鉄分などのミネラルもたっぷり含みます。また水菜特有の複合ポリフェノール・水菜ポリフェノールは、肌の新陳代謝を活発にする働きがあり、美肌効果も。

切ってペーパーで包み保存

冷蔵室で7日

食べやすい長さに切り、5分ほど水にさらし、水けを拭き取って、キッチンペーパーで包み保存容器に入れて保存。葉に水がつくと傷むためペーパーが濡れたら交換を。

Recipe

水菜のホットサラダ

作り方(2人分)

水菜2株はざく切りにして器に盛る。フライパンにオリーブオイル大さじ2、にんにくのみじん切り1片分、2cm幅に切ったベーコン1枚分を入れ中火で1分炒める。火を止め、しょうゆ大さじ1を加え、水菜にかける。

冷凍するなら

3〜4週間

使いやすい長さに切って、生のまま冷凍用保存袋に入れ、空気を抜いて冷凍します。自然解凍して水けを絞り、おひたしや和え物に、凍ったまま炒め物やスープにも使えます。

にら

旬 11月～3月

選び方 葉の緑が濃くピンとして、根元は肉厚で幅広のもの

主な栄養成分 β-カロテン、ビタミンB群・C・E・K

切って水に浸し保存

冷蔵室で7日

葉 先にビタミン類が豊富です。にら特有の香りは硫化アリルで、空気に触れるとアリシンに変わり、ビタミンB1の吸収率を高め、疲労回復や冷えの改善、血液をサラサラにする働きが。アリシンは葉先より根元のほうが多いので、切り落としすぎずに調理を。

3日に1度、水を交換

保存容器に合う長さに切って入れ、ひたひたになるまで水を注いだら蓋をして保存。水は3日に1度取り替えます。

Recipe

にらと落とし卵の味噌汁

作り方（2人分）

鍋にだし汁400mℓを入れて火にかける。煮立ったら卵2個を1個ずつ落とし入れ、中火で2～3分ほど煮る。白身が固まってきたら味噌大さじ2を溶き入れ、3cm幅に切ったにら¼束分を加えてひと煮する。

冷凍するなら

3～4週間

使いやすい長さに切って、生のまま冷凍用保存袋に入れ、空気を抜いて冷凍します。自然解凍して水けを絞り、おひたしや和え物に、凍ったまま炒め物やスープにも使えます。

玉ねぎ

旬 4月～6月、9月～12月

選び方 皮が乾燥してツヤがあり、丸くて固く、重いもの

主な栄養成分 炭水化物、カリウム、食物繊維

玉 ねぎ特有の香りは硫化アリルで、空気に触れるとアリシンに変わり、ビタミンB1の吸収率を高め、疲労回復や冷えの改善、血液サラサラに役立ちます。水溶性なので水にさらしすぎないように。皮はケルセチンという抗酸化力に優れたポリフェノールを含むので、煮出して皮茶などに。

常温保存 新聞紙に包んで保存

風通しのよい場所で約2か月

湿気に弱いので、1、2個ずつ新聞紙に包んでカゴやネットに入れ、風通しのよい場所で保存します。夏は傷みやすいので、野菜室に。

冷蔵庫保存 ペーパーで包んで保存

野菜室で2週間

皮をむいたものや使いかけは、1個ずつキッチンペーパーで包み、ポリ袋に入れて保存。

Recipe

玉ねぎのコンソメバター蒸し

作り方（作りやすい分量）

玉ねぎ1個は上下を少し切り落とし、上から半分の深さまで6等分の切り込みを入れる。耐熱皿にのせて顆粒コンソメの素小さじ1を振り、バター10gをのせる。ラップをかけ、電子レンジで5分加熱し、お好みで刻みパセリを振る。

新玉ねぎの保存法は？

3、4月が旬の新玉ねぎ。水分が多く常温保存だと傷みやすいので、1個ずつキッチンペーパーで包み、野菜室で保存、期間は1週間。みずみずしく辛味が少ないので生食もおすすめです。

冷凍するなら

3～4週間

丸ごと、くし形、薄切り、みじん切りなど、使いやすい大きさに切り、冷凍用保存袋に入れて冷凍。凍ったまま炒め物やスープ、煮物など幅広く調理できます。

アスパラガス

旬 **3月～6月**

選び方 太さが均一で穂先が締まった、緑が鮮やかなもの

主な栄養成分 ビタミンC・E・K、葉酸

抗 酸化作用に優れたビタミンEや、美肌作りに欠かせないビタミンC、貧血を予防する葉酸などが豊富。また、肝機能促進や疲労回復などに役立つアスパラギン酸、穂先には血管を丈夫にして高血圧や動脈硬化の予防をするルチンを含むなど、栄養たっぷりです。

根元を水につけて立てて保存

冷蔵室・ドアポケットで
7～10日

水を2cmほど入れたグラスなどの容器にアスパラガスを入れてポリ袋をかぶせ、輪ゴムで留めます。3日に1度水を交換しながら、冷蔵室やドアポケットで保存。

根元は水に浸す

Recipe

アスパラガスの肉巻き

作り方（作りやすい分量）

アスパラガス3本はピーラーで下1/3の皮をむき、豚バラ薄切り肉で1本ずつ巻く。巻き終わりを下にしてフライパンに並べて焼き、火が通ったらしょうゆ大さじ1、酒・みりん・砂糖各大さじ1/2を加え煮からめる。

冷凍するなら

3～4週間

根元の固い皮をそぎ落とし、丸ごと、ぶつ切りなど、使いやすい大きさに切り、冷凍用保存袋に入れて冷凍。凍ったまま炒め物やスープ、肉巻きなど幅広く調理できます。

ブロッコリー

旬 11月〜3月

選び方 つぼみが密集して茎に空洞がなく、濃い緑のもの

主な栄養成分 β-カロテン、ビタミンC・E、カリウム、鉄、食物繊維

疲労回復や風邪の予防、老化防止などに効果大のビタミンCがたっぷり。また優れた抗酸化作用で、がん予防が期待できるスルフォラファンが多いことでも知られています。茎もβ-カロテンやビタミン類を含み、食物繊維は花蕾（からい）より豊富なので、固い外側をむいて食べましょう。

根元を水につけて立てて保存

冷蔵室で 10〜14日

根元を1cmほど切り落としたブロッコリーを、水を2cmほど入れたグラスなどに入れてポリ袋をかぶせ、輪ゴムで留めます。3日に1度水を交換しながら、冷蔵室で保存。

水を入れる

Recipe

ブロッコリーの ごまマヨがけ

作り方（2人分）

ブロッコリー½株は小房に分け、熱湯で1分ゆでてザルに取る。ボウルに黒すりごま大さじ1と½、マヨネーズ大さじ1、しょうゆ・砂糖各小さじ½を入れてよく混ぜ、ゆでたブロッコリーにかける。

スティックセニョールの保存法は?

茎が細くて火が通りやすく、ブロッコリーより気軽に使えます。炒め物や、レンジ加熱で温サラダなどシンプルな調理を。保存法はブロッコリーと同じですが、期間は7日間。倒れやすいのでドアポケットで保存します。

冷凍するなら

3〜4週間

早めに使い切るなら、生で冷凍して大丈夫。小房に分けて冷凍用保存袋に入れて冷凍。凍ったまま炒め物やスープなどに使いましょう。下ゆでしてから冷凍すれば、鮮やかな色を保てます。

カリフラワー

旬 11月～3月

選び方 つぼみが密集していて、ずっしりと重いもの

主な栄養成分 ビタミンC、葉酸、カリウム、食物繊維

根元を水につけて立てて保存

冷蔵室で7日

水を張った小さめのボウルに入れ、全体をラップで覆います。3日に1度水を交換しながら、冷蔵室で保存。

風 邪ウィルスの働きを抑え、美肌効果のあるビタミンCや、高血圧を予防するカリウム、便秘やむくみを改善する水溶性の食物繊維などが豊富。また免疫機能を高め、がんの予防効果があるといわれるアリルイソチオシアネートを含む、健康食材です。

Recipe

カリフラワーの カレーチーズ焼き

作り方（2人分）

カリフラワー½株は小房に分け、熱湯で1分ゆでてザルに取る。マヨネーズ大さじ1とカレー粉小さじ1で和え、耐熱皿に入れ、ピザ用チーズ30gをのせる。トースターに入れ、焼き色がつくまで加熱する。

スティックカリフラワーの保存法は?

やわらかく甘みがあり、サラダや豚肉巻きなどに。保存法はブロッコリーと同じ方法で、保存期間は7日間。

冷凍するなら

3～4週間

早めに使い切るなら、生で冷凍して大丈夫。小房に分けて冷凍用保存袋に入れて冷凍。凍ったまま炒め物やスープなどに使いましょう。下ゆでしてから冷凍すれば、自然解凍で食べられます。

セロリ

選び方 葉は緑が濃く、茎は肉厚で筋が出ているもの

主な栄養成分 ビタミンC、葉酸、カリウム、食物繊維

高 血圧を予防したりむくみを解消したりするカリウムを含みます。独特の香り成分・アピインには鎮静作用や食欲増進の働きが、葉だけに含まれるピラジンには血流促進効果があるといわれています。葉が茎の栄養を吸ってしまうので、買ったらすぐに葉と茎を切り分けて。

水に浸す

葉は立てて、茎は水に浸して保存

冷蔵室で7日

葉は濡らしたキッチンペーパーで根元を巻き、ポリ袋に入れて立てて保存。茎は節で切り分けて保存容器に入れ、水を張って浸し、蓋をして保存します。3日に1度水の交換を。

濡らしたペーパーを巻く

Recipe

セロリとイカ燻製のマリネ

作り方(2人分)

セロリ1本は筋を取って斜め薄切りにし、葉は食べやすく手でちぎる。ポリ袋に入れ、イカ燻製30g、すし酢大さじ1、オリーブオイル小さじ1を加えて軽くもみ、空気を抜いて袋の口を結び15分以上漬ける。

冷凍するなら

3〜4週間

茎は筋を取り、斜め薄切りなどにして冷凍用保存袋に入れて冷凍し、凍ったまま炒め物などに。葉も冷凍用保存袋に入れて、凍ったらもめばぱらぱらと砕けるので、卵焼きや天ぷらの衣に加えるなどして調理しましょう。

三つ葉

濡らしたペーパーで根元を包み、立てて保存

野菜室で **7〜10日**

日本原産のハーブ・三つ葉は、にんじんと同じセリ科でβ-カロテンが豊富。また、独特の香りはクリプトテーネンやミツバエンなどの成分によるもので、食欲や消化を促したり、イライラを解消したりする効果があります。香りを楽しめる食べ方がいいでしょう。

濡らしたキッチンペーパーで根元を巻き、ポリ袋に入れてグラスなどに立てて保存。ペーパーが乾いてきたら取り替えます。少量の水を入れたグラスなどに挿しても。

Recipe

三つ葉と納豆の柚子こしょう和え

作り方（作りやすい分量）

納豆1パックに、付属のタレ1袋と付属の辛子の代わりに柚子こしょう適量を入れよく混ぜる。2cm幅に切った三つ葉と揚げ玉各適量を加えて軽く和え、器に盛る。揚げ玉の代わりに桜海老を混ぜてもおいしい。

冷凍するなら

3〜4週間

ざく切りにして、冷凍用保存袋に入れて冷凍。凍ったまま卵焼きやかき揚げ、茶碗蒸しにしたり、味噌汁やお吸い物に浮かべたりも。使いたい量だけ取り出せるので、便利です。

豆苗
とうみょう

旬 ▶ 通年

選び方 葉の緑が濃く開いていて、ハリとツヤのあるもの

主な栄養成分 β-カロテン、ビタミンB群・C・E・K、葉酸、カリウム

エンドウ豆の若葉である豆苗は、成長に必要な栄養がたっぷり。特にがん予防に効果のあるβ-カロテン含有量は野菜の中でトップクラス。スルフォラファンも豊富で、抗酸化力があり免疫力を高め、がん予防も期待できます。

切って水に浸して保存

冷蔵室で7日

根元を切り、保存容器に入れ、かぶるくらいの水を注ぎ蓋をして冷蔵室へ。3日に1度、水を取り替えます。未開封なら袋のまま野菜室で立てて保存します。

Recipe

豆苗の やみつきサラダ

作り方（2人分）

豆苗½パックは根元を切り落とし、3cm幅に切ってボウルに入れる。しらす15g、ごま油小さじ2、白いりごま小さじ1、顆粒鶏がらスープの素小さじ⅓を加えて和え、器に盛る。

再生栽培のコツ

最初に使うときに脇芽（豆から6〜8cm上にある小さな葉ふたつ）の上で切るようにすれば、2回は収穫できるはず。水は毎日取り替えることも忘れずに。

冷凍するなら

3〜4週間

根元を切り落とし、冷凍用保存袋に入れて冷凍。凍ったまま炒め物やスープに、自然解凍をして水けを絞り、おひたしや和え物に。凍ったまま切ることもできます。

もやし

旬 通年

選び方 白くて太く、ひげ根は短くて透明感のあるもの

主な栄養成分 ビタミンB群・C、葉酸、カリウム、鉄、食物繊維

水に浸して保存
冷蔵室で7日

袋を開けてしまった使いかけのものは、傷みやすいひげ根を取り、保存容器に入れ、かぶるくらいの水を注ぎ保存。1～2日に1度、水を取り替えます。

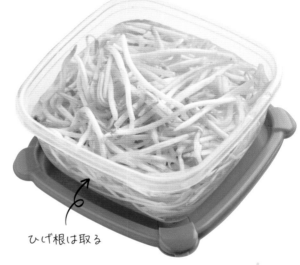

 済的でカロリーが低く、ビタミンCなどの栄養がたっぷり。またコレステロールの低下や疲労回復効果のあるアスパラギン酸も含みます。ひげ根は取ったほうが見た目も口当たりもいいですが、食物繊維を含むので、除かずに食べたほうが栄養を摂れます。

ひげ根は取る

Recipe

もやしと豚バラの
レンジ蒸し

作り方(1人分)

耐熱皿にもやし½袋を敷き詰め、豚バラ肉50gをひと口大に切って広げて上にのせ、ごま油大さじ½をかける。ラップをかけて電子レンジで3分加熱し、青ねぎの小口切りを適量散らし、ポン酢をかける。

未開封の場合

2～3日で使い切るなら購入時の袋に楊枝などで数か所穴をあけ、野菜室ではなく、温度の低いチルド室で保存します。

冷凍するなら

2～3週間

ひげ根を取り、冷凍用保存袋に入れて冷凍。凍ったまま炒め物やスープに。購入した袋のままの冷凍は不向きです。

青ねぎ

旬 ▶ 通年

選び方 葉先までピンとして
ハリがあり、根元が白いもの

主な栄養成分 β-カロテン、
ビタミンC・E・K、食物繊維

切って水に浸して保存

冷蔵室で7日

切って保存容器に入れ、かぶるくらい水を注い
で蓋をして保存。3日に1度、水を取り替えます。

万 能ねぎ、葉ねぎともいわれる
青ねぎは、β-カロテンが豊
富。独特の香りは硫化アリルによる
もので、空気に触れるとアリシンに変
わり、ビタミンB$_1$の吸収率を高めて疲
労回復や冷えの改善、血液サラサラ
に役立ちます。切るときにはキッチン
バサミを使えば、洗い物も減らせてラ
クです。

3日に1度、
水を交換

Recipe

ねぎ味噌

作り方（作りやすい分量）

フライパンにごま油小さじ1とにん
にくのみじん切り½片分を入れて
弱火で熱し、香りが出たら小口切り
にした青ねぎ8本分を加えて軽く炒
める。味噌大さじ2、みりん小さじ2、
砂糖小さじ1を加えて調味する。

冷凍するなら

3〜4週間

小口切りや、3〜4cm長さ
に切って、冷凍用保存袋
に入れて冷凍。凍ったま
ま炒め物や煮物、うどん
などのトッピングに。

かいわれ大根

旬 通年

選び方 葉が濃い緑で、茎が白くまっすぐなもの

主な栄養成分 β-カロテン、ビタミンC・E・K、食物繊維

昔 からよく食べられているスプラウト（野菜の新芽）のひとつ。ほかのスプラウトと同様に、ビタミン類をたくさん含みます。つんとした辛味はシニグリンによるもので、抗酸化作用があり、がん予防の効果が期待できるといわれています。

水を入れて保存

野菜室・冷蔵室で7日

買ったときの容器のまま、根元のスポンジ部分に水を少し入れ、ラップをかけて保存。3日に1度水を交換します。

水を入れる

Recipe

かいわれ大根の赤じそ豆腐和え

作り方（2人分）

水けを切った絹豆腐½丁、赤じそふりかけ小さじ2、顆粒和風だしふたつまみをボウルに入れ、豆腐をつぶしながら混ぜる。根元を切り落として長さを3等分に切ったかいわれ大根½株を加えて、さっくり和える。

冷凍するなら

3〜4週間

根元を切り落とし、冷凍用保存袋に入れて冷凍。凍ったまま炒め物や煮物、おひたしや和え物に。

菜の花

旬 1月〜3月

選び方 つぼみが固くしまり、茎や葉がやわらかいもの

主な栄養成分 β-カロテン、ビタミンB群・C・E、カリウム、カルシウム、食物繊維

菜 花ともいわれる菜の花は、春を告げる野菜のひとつ。ビタミン類、ミネラル、食物繊維が豊富で、ほうれん草にまさる栄養価の高さです。辛味成分のアリルイソチオシアネートには抗酸化作用があり、がん予防の効果が期待できるといわれています。

根元を水につけて立てて保存

冷蔵室・ドアポケットで 5〜7日

根元を1cmほど切り落とした菜の花を、水を2cmほど入れたグラスなどの容器に入れてポリ袋をかぶせ、輪ゴムで留めます。3日に1度水を交換して保存します。

水につける

Recipe

菜の花とかまぼこの酢味噌和え

作り方(2人分)

菜の花½束は3等分に切り、熱湯で茎は1分、葉とつぼみは30秒ゆでる。冷水にとって水けを絞り、ひと口大に切ったかまぼこ½本分と合わせて器に盛り、味噌・すし酢各大さじ1を合わせたタレで和える。

冷凍するなら

3〜4週間

水に5分ほどさらしてアクを抜き、水けを拭き取って冷凍用保存袋に入れて冷凍。凍ったままでも切れるので好きな大きさに切り、炒めたり煮たり、自然解凍して水けを絞ればおひたしにも。

2章

実野菜

ビタミン豊富で、さまざまな食べ方が楽しめる実野菜。
そのまま野菜室に入れると、乾燥で水分が抜けてしまうので、
キッチンペーパーできちんと包みます。

トマト

選び方 ヘタが緑色でピンとした、重みのあるもの

主な栄養成分 β-カロテン、ビタミンB6・C・E、葉酸、カリウム

健 康野菜として知られるトマト。赤色に含まれるリコピンは抗酸化作用に優れ、がんや動脈硬化の予防に効果大。リコピンは脂溶性なので油を使う調理がおすすめです。血液をサラサラにする香り成分のピラジンなどもたっぷり。種の周りのゼリー状の部分は旨味成分のグルタミン酸が豊富なので捨てずに食べましょう。

ペーパーで包んで保存

野菜室で7〜10日

ヘタを下にする

低温障害を防ぐため、ひとつずつキッチンペーパーで包んだらポリ袋に入れ、ヘタを下にして保存。冷やしすぎは甘みが弱くなるため、夏以外は常温保存でも。ミディトマトの保存法も同様です。

Recipe

トマトのレンジ蒸し

作り方(1人分)

トマト1個のおしり側に十字の切り込みを入れ、切り目を上にして耐熱皿にのせ、ふんわりとラップをかけて電子レンジで2〜3分加熱する。バター5gをのせて、しょうゆを適量かける。

冷凍するなら

2か月

丸ごとラップで包み、冷凍用保存袋に入れて冷凍。室温に5分ほどおけば凍ったまま切れ、水にさらせば皮がきれいにむけます。

ミニトマト

ヘタ付きのまま
水の中へ

旬	6月~9月

選び方 ヘタが緑色でピンとしていて、実にツヤのあるもの

主な栄養成分 β-カロテン、ビタミンB6・C・E、葉酸、カリウム

小　さいながら一般的なトマトよりβ-カロテン、ビタミンC、リコピンなどが豊富です。甘み成分のブドウ糖や果糖は疲労回復や夏バテ防止に。大きいトマトと同様に含まれるクエン酸は血糖値の上昇を抑え、二日酔いにも。さまざまな色の品種が出ていますが、リコピンが多いのは赤い品種です。

Recipe

ミニトマトの
白ワイン漬け

作り方(2人分)

ミニトマト½パックはヘタを取り、おしり側に爪楊枝で1か所穴をあける。熱湯にさっとくぐらせ、冷水にとって皮をむきボウルに入れ、白ワイン50mℓとはちみつ大さじ2を加えてよく混ぜ、1時間以上漬ける。

水に浸して保存

野菜室・冷蔵室で7日

保存容器にヘタ付きのまま入れて水をかぶるくらい注ぎ、ぷかぷかと浮かせて保存。重みでつぶれることを防ぎます。3日に1度、水の交換を。

冷凍するなら

2か月

ヘタを取って冷凍用保存袋に入れて冷凍。水にさらせば皮がきれいにむけるので、マリネや煮込み料理にもおすすめです。

きゅうり

選び方 緑が鮮やかで、両端が固く、太さが均一なもの

主な栄養成分 ビタミンC・K、葉酸、カリウム

90 %以上が水分で栄養価は高くありませんが、比較的カリウムが豊富です。カリウムは余分なナトリウム（塩分）を排泄する働きがあるので、利尿作用によりむくみを改善。独特の青臭さはピラジンという香り成分によるもので、血液をサラサラにする効果があるといわれています。

ペーパーで包み立てて保存

野菜室で10〜14日

半分に切ったキッチンペーパーで1本ずつ包みポリ袋に入れて、ペットボトルなどの空き容器にヘタを上にして立てて保存。ペーパーが濡れてきたら交換します。

ヘタを上に

Recipe

きゅうりと卵の炒め物

作り方（2人分）

フライパンにごま油小さじ1を入れ中火で熱し、縦半分に切って斜め薄切りにしたきゅうり1本分を炒める。オイスターソース小さじ½と顆粒鶏がらスープの素小さじ⅓を混ぜた溶き卵1個を加え、炒め合わせる。

冷凍するなら

1か月

薄切りや乱切りなど使いやすい大きさに切り、冷凍用保存袋に入れて冷凍。使うときは自然解凍して軽く水けを絞り、ポテトサラダや酢の物などに。

なす

旬 6月〜9月

選び方 皮の色が濃く鮮やかでハリがあり、傷がないもの

主な栄養成分 ビタミンK、葉酸、カリウム、食物繊維

ペーパーで包んで保存
野菜室で**7**日

90 ％以上が水分で、比較的カリウムが豊富。皮の紫色はポリフェノールのナスニンで、抗酸化力が高く、細胞の老化やがん化を抑えるとも。アクの主成分はクロロゲン酸というポリフェノールで、生活習慣病の予防効果があるので、水にさらしすぎないように。すぐ調理するならアク抜き不要です。

1、2本ずつキッチンペーパーで包みポリ袋に入れて、野菜室で保存。寒さに弱く、冷やしすぎると低温障害を起こして種が黒く変色し傷みやすくなるので、早めに食べ切りましょう。

Recipe

なすの蒲焼き

作り方（1人分）

なす1本はヘタを切ってラップで包み、電子レンジで2分加熱し、縦に切り込みを入れ開く。フライパンにサラダ油小さじ1を入れ中火で熱し、なすを両面焼き、しょうゆ・みりん各大さじ1、砂糖小さじ2を加え煮からめる。

冷凍するなら

2か月

丸ごと冷凍用保存袋に入れて冷凍。常温に5分ほど置くと切れるので炒め物や煮込みに。自然解凍で水けを絞れば生でも食べられます。

ピーマン

旬 6月〜8月

選び方 ヘタが鮮やかな緑で、全体にハリがあり肉厚なもの

主な栄養成分 β-カロテン、ビタミンC・E・K

ピ ーマンは辛味の少ないとうがらしの一種で、ビタミンCが豊富です。ビタミンCは加熱に弱い栄養素ですが、ピーマンは繊維がしっかりしているので、加熱後に損失しづらいのもいいところ。また、独特の青臭さはピラジンという成分で、動脈硬化や心筋梗塞を予防するといわれ、ワタと種に多く含まれています。

ペーパーで包んで保存

野菜室で 2 週間

2、3個ずつキッチンペーパーで包みポリ袋に入れて、野菜室で保存。熟した赤ピーマンは青ピーマンに比べて日持ちしないので、同様の保存法で1週間。

Recipe

丸ごとピーマンのおひたし

作り方（2人分）

ボウルにピーマン2個を入れてラップをかけ、電子レンジで3〜4分加熱する。器に盛り、ポン酢をかけて、かつお節を振る。ポン酢の代わりにしょうゆやめんつゆをかけ、お好みでしょうがのすりおろしを添えてもおいしい。

冷凍するなら

2か月

丸ごと冷凍用保存袋に入れて冷凍。室温に5分ほど置くと凍ったまま切れます。自然解凍して水けを絞り、おひたしなどに。

パプリカ

旬 6月〜8月

選び方 ヘタがピンとして、全体にハリがあり肉厚なもの

主な栄養成分 β-カロテン、ビタミンC・E

ピーマン同様に辛味の少ないとうがらしの一種。ピーマンよりビタミンC・Eが豊富で、赤パプリカはβ-カロテンも多くなっています。赤とオレンジのパプリカに含まれるカロテノイド系の色素成分には、がん予防などの効果があるといわれています。

ワタを取りペーパーをかぶせて保存

野菜室で7〜10日

水分が多いワタから傷むので、縦半分に切ってヘタとワタ、種を取ります。切り口にキッチンペーパーをかぶせてポリ袋に入れ、切り口を下にして野菜室で保存。

ヘタとワタ、種を取り除く

Recipe

焼きパプリカの南蛮漬け

作り方（2人分）

フライパンにサラダ油大さじ1を入れ中火で熱し、ヘタとワタ、種を取り1cm幅に切ったパプリカ½個を入れ焼く。しんなりしたら、酢大さじ1とめんつゆ（3倍希釈）小さじ1、しょうがのすりおろし少々で漬ける。

冷凍するなら

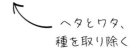

1か月

食べやすく切って冷凍用保存袋に入れ、空気を抜いて冷凍。凍ったまま炒め物やマリネ、自然解凍して水けを絞り、おひたしなどに。

45

ゴーヤー

旬 6月〜8月

選び方 イボの大きさが揃って密集した、重いもの

主な栄養成分 β-カロテン、ビタミンC・E・K、カリウム

にがうりとも呼ばれるゴーヤーは、ビタミン類、ミネラルがたっぷり。特にビタミンCが多く、果実よりワタに多く含まれるので、捨てずに食べることがおすすめ（P108）。独特の苦味はモモルデシンという成分で、血糖値を下げたり、消化吸収力を高めたりするといわれています。

ワタを取りペーパーをかぶせて保存

野菜室で7日

水分が多いワタから傷むので縦半分に切ってワタと種をスプーンで取ります。切り口にキッチンペーパーをかぶせてポリ袋に入れ、切り口を下にして野菜室で保存。

切り口を下にして保存

Recipe

ゴーヤーのすし酢マリネ

作り方（2人分）

ゴーヤー½本は縦半分に切り、ワタと種を取って2mm幅の薄切りにする。水に5分ほどさらしてから水けを絞り、ポリ袋に入れ、しょうがの千切り½片分、すし酢50mℓを加えて冷蔵庫でひと晩漬ける。

冷凍するなら

1か月

ワタと種を取り、薄切りにして冷凍用保存袋に入れ、空気を抜いて冷凍。凍ったまま炒め物やマリネ、自然解凍して水けを絞り、おひたしなどに。苦みが気になるなら塩もみして水洗いしてから冷凍を。

オクラ

旬 6月〜9月

選び方 緑が濃く、産毛で覆われ、大きすぎないもの

主な栄養成分 β-カロテン、ビタミンB群・E、カルシウム、マグネシウム、カリウム、食物繊維

ペーパーで包んで保存

野菜室で7日

富にビタミン、ミネラルを含むオクラは、切ったときにネバネバするのが特徴。これは水溶性食物繊維のペクチンなどによるもので、整腸作用、消化促進、血糖値コントロールなどに役立ちます。ガクの部分を除けばヘタも食べられますので、切り落とさずに調理しましょう。

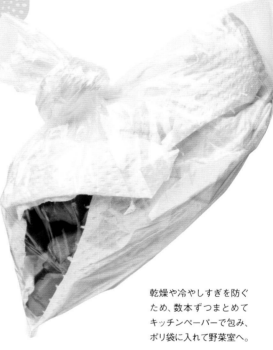

乾燥や冷やしすぎを防ぐため、数本ずつまとめてキッチンペーパーで包み、ポリ袋に入れて野菜室へ。

Recipe

オクラの丸ごと塩麹漬け

作り方（2人分）

オクラ5〜6本はヘタの周りのガクを取り、塩少々でこすってから水洗いし、しっかり水けを拭く。ポリ袋にオクラと塩麹小さじ1を入れて軽くもみ、空気を抜いて袋の口を結び、冷蔵庫でひと晩漬ける。

冷凍するなら

1か月

そのまま冷凍用保存袋に入れ、空気を抜いて冷凍。凍ったまま切れるので煮物や炒め物、肉巻きなどに。鮮やかな色を保ちたければ、さっとゆでて小口切りにして冷凍しても。

かぼちゃ

旬 **7月～9月**

選び方 ヘタが枯れて周りがくぼみ、重みがあるもの

主な栄養成分 β-カロテン、ビタミンC・E、カリウム、食物繊維

冬 至に食べると病気にならないといわれるかぼちゃ。豊富なβ-カロテン、ビタミンC・Eはいずれも抗酸化力に優れ、免疫力アップに、美肌や血流促進にも力を発揮します。かぼちゃの種はビタミンEやミネラルが豊富なので、オーブンでローストなどして食べるといいでしょう。

丸ごとの場合

丸ごと新聞紙で包んで保存

風通しのよい場所で**2～3か月**

新聞紙で丸ごと包み、涼しくて風通しのよい場所に置きます。保存により、追熟され、甘みが増します。

カットの場合

ワタを取りペーパーをかぶせて保存

野菜室で**8日**

傷みやすいワタと種をスプーンなどできれいに取ります。切り口をキッチンペーパーで覆い、ラップで包むかポリ袋に入れて保存。

Recipe

かぼちゃのグリル

作り方(2人分)

かぼちゃ150gは、ワタと種を取り除き、5mm厚さのくし形に切る。塩小さじ¼を振り、オリーブオイル小さじ2を全体にからめ、中火で熱した魚焼きグリルに並べ、7～8分ほど焼く。

冷凍するなら

1か月

ワタと種を取り、薄切りやいちょう切り、ひと口大など使いやすい大きさに切って、冷凍用保存袋に入れ、空気を抜いて冷凍。凍ったままソテーやスープに。マッシュしてから冷凍も便利。

ズッキーニ

旬 6月～8月

選び方 太すぎず、表面に傷がなく皮が
やわらかいもの

主な栄養成分 ビタミンC・E・K、
葉酸、カリウム

見た目はきゅうりに似ていますが、実はかぼちゃの仲間です。栄養価はそれほど高くないもののカリウムが比較的多めで、高血圧の予防が期待できます。またビタミンKはカルシウムを骨に取り込むのを助けるため、骨粗しょう症対策にも役立ちます。

乾燥と冷やしすぎを防ぐため、1本ずつキッチンペーパーで巻いてポリ袋に入れ、野菜室で保存。

Recipe

ズッキーニのフライ

作り方(2人分)

ズッキーニ½本は7～8mm幅の厚切りにして、軽く塩・こしょうを振り、小麦粉・溶き卵・パン粉の順にそれぞれ適量をまぶす。170℃の油できつね色になるまで揚げ、器に盛り、お好みでウスターソースをかける。

冷凍するなら

1か月

使いやすい大きさに切って冷凍用保存袋に入れ、空気を抜いて冷凍。凍ったまま炒め物や煮込み、揚げ物、スープに。自然解凍して水けを絞り、ナムルや和え物に。

しし唐

旬 6月〜9月

選び方 鮮やかな緑で、ツヤとハリがあるもの

主な栄養成分 ビタミンB6・C・E・K、カリウム、食物繊維

ペーパーで包んで保存

野菜室で7日

乾燥や冷やしすぎを防ぐため、数本ずつまとめてキッチンペーパーで包み、ポリ袋に入れて野菜室へ。

先 端が獅子頭をイメージさせることから、その名がついたというしし唐。免疫力を高めたり、ハリのある肌を作ったりするビタミンCが豊富で、ビタミンE、ビタミンKも含みます。しし唐のビタミンCは加熱に強い上、ビタミンE、ビタミンKは脂溶性なので、炒め物など油を使った調理がおすすめです。

Recipe

しし唐のペペロンチーノ

作り方（2人分）

フライパンにサラダ油小さじ1、にんにくのみじん切り1片分を入れ弱火にかける。香りが出たら1cm幅に切ったベーコン1枚分と爪楊枝で穴をあけたしし唐10本を加えて中火で炒め、塩・黒こしょうで調味する。

冷凍するなら

2か月

ヘタ付きのまま丸ごと冷凍用保存袋に入れ、空気を抜いて冷凍。凍ったまま爪楊枝で数か所穴をあけ、煮びたしや炒め物、肉巻きなどに。

いんげん

旬 6月〜9月

選び方 さやの先までハリがあり、凹凸が少ないもの

主な栄養成分 β-カロテン、ビタミンB群・C、食物繊維

さ やいんげん、三度豆ともいわれるいんげんは、緑黄色野菜なのでβ-カロテンが多いです。またエネルギー代謝を助けるビタミンB2、アミノ酸の一種であるアスパラギン酸やリジンも含み、疲労を回復したり、肝機能を高めたりするのに働きます。

ペーパーで包んで保存

野菜室で7日

乾燥や冷やしすぎを防ぐため、数本ずつまとめてキッチンペーパーで包み、ポリ袋に入れて野菜室へ。

Recipe

いんげんと豚ひき肉の味噌炒め

作り方（2人分）

フライパンにごま油小さじ1を入れ中火で熱し、豚ひき肉100gを炒める。肉に軽く火が通ったら、ヘタと筋を取って1cm幅に切ったいんげん5本分を加え、味噌・酒各大さじ½、砂糖小さじ½で調味する。

冷凍するなら

1か月

ヘタを切り落とし、固い筋があれば取り、生のまま冷凍用保存袋に入れ、空気を抜いて冷凍。凍ったまま切れるので煮物や炒め物、肉巻きなどに。鮮やかな色を保ちたければ、さっとゆでて冷凍しても。

絹さや

旬　4月〜5月

選び方　ハリがあり、さやが薄くて豆が小さいもの

主な栄養成分　炭水化物、β-カロテン、ビタミンB1・C、食物繊維

未　熟なえんどう豆をさやごと食べる絹さやは、関西ではさやえんどうとも呼ばれています。ビタミンCが豊富で、がん予防や細胞の老化防止に役立つほか、炭水化物や食物繊維も含み、栄養バランスのいい野菜です。付け合わせにするだけでなく、炒め物などで量を食べるといいでしょう。

濡らしたペーパーで包んで保存

野菜室で7日

濡らしたペーパーで

乾燥を防ぐため、数本ずつまとめて濡らしたキッチンペーパーで包み、ポリ袋に入れて野菜室へ。

Recipe

絹さやとさつま揚げのオイスターソース炒め

作り方（2人分）

フライパンにごま油小さじ1と薄切りにんにく½片分、薄切りにしたさつま揚げ1枚分を入れて中火で熱し、焼き色がついたら筋を取った絹さや10〜15本を加えて炒め、オイスターソース小さじ⅔で調味する。

冷凍するなら

1か月

筋を取り生のまま冷凍用保存袋に入れ、空気を抜いて冷凍。凍ったまま煮物やスープに。ゆでてからのほうが鮮やかな色を保てますので、筋を取り、熱湯で10秒ほどさっとゆで、冷水で冷まして冷凍用保存袋に並べて入れて冷凍しても。

スナップエンドウ

旬 4月〜5月

選び方 豆がしっかり詰まって、澄んだ緑色のもの

主な栄養成分 β-カロテン、ビタミンB1・C、カリウム

絹 さやのしゃきしゃきした食感と、グリーンピースの豆の甘さが両方楽しめるスナップエンドウ。β-カロテンとビタミンCが豊富で、がん予防や老化防止が期待できます。ビタミンCは水溶性で熱に弱いので、ゆでるときはさっと湯がく程度にしましょう。

ペーパーで包んで保存

野菜室で**2〜3日**

数本ずつまとめてキッチンペーパーで包み、ポリ袋に入れて野菜室へ。

Recipe

スナップエンドウの和風ディップ添え

作り方（2人分）

スナップエンドウ7〜8本はヘタと筋を取り、塩を適量加えた熱湯で1分ほどゆで、ザルに取る。器に盛り、味噌大さじ1とはちみつ大さじ½を混ぜたディップを添え、つけながらいただく。

冷凍するなら

1か月

ヘタと筋を取り生のまま冷凍用保存袋に入れ、空気を抜いて冷凍。凍ったまま煮物やスープに。ゆでてからのほうが鮮やかな色を保てますので、ヘタと筋を取り、熱湯で10秒ほどさっとゆで、冷水で冷まして冷凍用保存袋に並べて入れて冷凍しても。

そら豆

旬 4月〜6月

選び方 さやの緑が鮮やかで、ふっくらして弾力があるもの

主な栄養成分 タンパク質、炭水化物、ビタミンB群・C、葉酸、カリウム、リン、鉄

さや付きのまま保存

野菜室で2〜3日

空に向かってまっすぐに育つそら豆。タンパク質や炭水化物、ミネラルをバランスよく含みます。貧血を防ぐ鉄分と、胎児の先天異常を予防する葉酸も豊富なので、妊活・妊娠中の女性におすすめ。薄皮は食物繊維があり、新鮮ならやわらかいので、むかずに食べるといいでしょう。

さや付きのままポリ袋に入れて保存。さやから出すと風味が落ちるので、調理直前に取り出します。さやから出して売られているものは、当日か翌日には食べましょう。

Recipe

そら豆のグリル

作り方（2人分）

中火で熱した魚焼きグリルに、そら豆（さや付き）2〜3本を並べ、10〜12分ほど焼く。表面が黒く焦げたら、器に取り出してさやを開き、塩を適量振る。薄皮はむかずにそのまま食べてOK。

冷凍するなら

1か月

さやから出して黒い部分に切り込みを入れ、冷凍用保存袋に入れて空気を抜いて冷凍。使いたい分だけ電子レンジで加熱したりゆでたりして調理します。

アボカド

選び方 皮にハリとツヤがあり、緑と黒の中間色のもの

主な栄養成分 脂質、ビタミンB群・E、葉酸、カリウム、食物繊維

森のバターといわれるアボカドは、果肉の20%ほどが脂質です。脂質の主成分は不飽和脂肪酸のオレイン酸で、コレステロールや中性脂肪の値を下げ、血液をサラサラにし、生活習慣病の予防に働きます。ビタミンEも豊富で、がん予防や肌の老化防止も。生で食べたほうが栄養を吸収できます。

ラップで個装

丸ごとの場合

ラップで包んで保存

野菜室で**1**週間

1個ずつラップで包み、ポリ袋に入れて野菜室で保存。ラップとポリ袋で二重にすることで、寒さに弱いアボカドの冷えすぎ防止と、アボカドから発生するエチレンガス（生長を促す植物ホルモンの一種）が、ほかの野菜に影響するのを防ぎます。

カットの場合

切り口にレモン汁を。ラップで包んで保存

野菜室で**5**日間

種が付いている側の切り口にレモン汁を塗り、ラップで包みポリ袋に入れて保存。レモン汁以外に酢、オリーブオイルでも代用可。

Recipe

アボカドの海苔和え

作り方（2人分）

ボウルに、海苔の佃煮小さじ1と練りわさび小さじ⅓〜¼を入れてよく混ぜ、皮と種を取って角切りにしたアボカド½個を入れて軽く和え、器に盛る。

冷凍するなら

2〜3週間

ひと口大など、使いやすい大きさに切って、冷凍用保存袋に入れて冷凍します。自然解凍、または電子レンジで解凍してディップ、サラダなどに。

季節の野菜の保存方法

旬が短く、その時期にしか手に入らない野菜たち。
特にこの3つは、収穫後すぐに鮮度や味、栄養価などが失われていくので、
保存したい場合は冷凍を活用しましょう。

とうもろこし

旬 ▶ 6月～8月

選び方 包葉が鮮やかな緑で、
ひげが多く濃い茶色のもの

野菜として流通しているのはスイートコーンと呼ばれる甘味種で、粒皮には食物繊維がたっぷり。ビタミンやミネラルも豊富で、疲労回復で知られるアスパラギン酸、脳を活性化させるグルタミン酸なども含みます。

冷凍するなら

1か月

そのまま、もしくは包葉をむき生のまま1本ずつラップで包み、冷凍用保存袋に入れて冷凍。ラップに包んだまま電子レンジで加熱します。ゆでて粒をそぎおとし、保存容器に入れて冷凍してもOK。凍ったまま炒め物やスープなどに。

枝豆

旬 ▶ 6月～8月

選び方 さやが緑でふっくらして、
産毛が濃いもの

未熟な大豆を味わう枝豆は、大豆同様にタンパク質やビタミン、ミネラルなどが豊富。更年期症状を緩和するといわれるイソフラボンや、コレステロールの上昇を抑えるレシチン、アルコールから肝臓を守るサポニンなど、有効成分がたくさん含まれています。

冷凍するなら

1か月

水洗いして、水けを拭いてから冷凍用保存袋に入れて生のまま冷凍。凍ったまま塩ゆでして、おつまみや混ぜごはんに。

たけのこ

旬 ▶ 3月～5月

選び方 先端がひきしまり、
切り口の断面が白いもの

春を感じる野菜の代表格、たけのこは、おもに孟宗竹の地下茎からのびた幼い芽を食用にしています。栄養価は少ないものの、食物繊維が豊富で食べごたえがあり、低カロリーなので、ダイエットにもおすすめです。独特のえぐみはシュウ酸などによるもので、掘ったあと増えていきますから、手に入れたらすぐにアク抜きしましょう。ゆで汁ごと保存すれば、冷蔵で1週間保存が可能です。

冷凍するなら

3週間

ゆでてアクを抜き、水けを拭いてから、食べやすい大きさに切って砂糖を適量まぶして、冷凍用保存袋に入れて冷凍。砂糖の保水効果でスカスカになりません。凍ったままスープや炊き込みごはんに。

3章

根菜、きのこ類

土からの栄養をたっぷり吸い上げて育つ根菜と、
ヘルシーな食材として毎日摂りたいきのこ類。
常温保存のイメージがあるかもしれませんが、
水分が抜けやすい野菜もあるので、それぞれに適した方法で保存を。

大根

旬 11月~3月

選び方

ハリとツヤがあり、
色が白くまっすぐで重いもの

主な栄養成分

β-カロテン、ビタミンC・K、葉酸、
カリウム、食物繊維

大 根は、根よりも葉に栄養が多く、β-カロテン、ビタミンC・Kなどが豊富です。根はほとんどが水分ですが、ビタミンC、食物繊維などを皮付近に含みますので、皮ごと調理を。またジアスターゼなどの消化酵素があり、でんぷんの消化を助け、胃もたれや胸焼けを改善。特有のぴりりとした辛味はアリルイソチオシアネートによるもので、消化促進作用があります。酵素は加熱に弱いので、生で食べたほうが効率よく摂取できます。

葉と根を切り分けて保存

野菜室で3日(葉)、10日(根)

根の水分を葉にとられないよう、根と葉を分けて、使いやすく切り分けます。根は切り口をキッチンペーパーで覆いポリ袋に入れて、葉は葉元を濡らしたキッチンペーパーで包みポリ袋に入れて、保存。

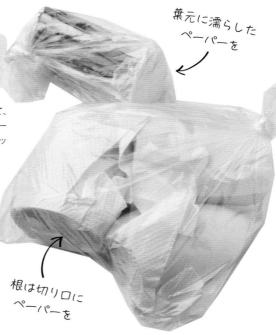

葉元に濡らした
ペーパーを

根は切り口に
ペーパーを

水分が黒ずみの原因になるので、切り口はしっかりとキッチンペーパーで覆って。

大根は部位によって、使い分けて

大根の上部(葉があるほう)は水分が多く甘いのでサラダに、中部は甘みと辛味のバランスがよく、やわらかいので煮物などに、下部は水分が少なく辛味が強いので、大根おろしや漬物、味噌汁などに向いています。

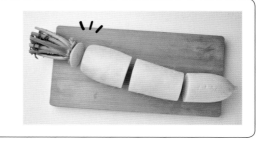

大根の
和風サラダ
（上部）

作り方（2人分）

大根4cmは繊維に沿って千切りにし、器に盛る。めんつゆ（3倍希釈）大さじ1、酢小さじ2、サラダ油・白いりごま各小さじ1、わさび適量を混ぜたドレッシングをかけ、かつお節・刻み海苔を適量のせる。

なめたけ
おろし餅
（下部）

作り方（2人分）

餅2個は半分に切り、トースターで焼いて器に盛る。水けを切った大根おろし大さじ3〜4、なめたけ適量にしょうゆ少量を混ぜたものをのせ、青ねぎの小口切り・七味唐辛子各適量を振る。

冷凍するなら

1か月

輪切りや厚切り、いちょう切り、千切りなど使いやすい大きさに切って冷凍用保存袋に入れて冷凍。凍ったままおでんや煮込み料理などに。大根おろしにして冷凍しても。

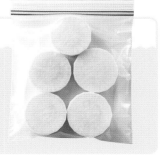

にんじん

旬 5月〜6月、9月〜12月

選び方 オレンジ色が濃く、切り口の軸が細いもの

主な栄養成分 β-カロテン、ビタミンK、葉酸、カリウム、食物繊維

β-カロテンを含むカロテノイドという色素はにんじんから発見され、カロテンの由来もにんじんの英名キャロットからといわれています。β-カロテンが豊富で、½本で1日の必要量をまかなえるほど。優れた抗酸化力で老化やがんを予防し、体内でビタミンAに変わって、免疫力を上げ、目や粘膜の健康を保ちます。脂溶性で、皮の下に多く含まれるので、油を使った皮ごとの調理がおすすめです。

ペーパーで包んで保存

野菜室で2〜3週間

湿気と乾燥に弱いので、表皮の水をよくぬぐってから、キッチンペーパーで1本ずつ包み、ポリ袋に入れて保存。使いかけは切り口をペーパーで覆い、ラップで包んで。

Recipe

にんじんとちくわの たらこ炒め

作り方（2人分）

フライパンにごま油小さじ2を入れ中火で熱し、薄い輪切りにしたにんじん½本分とちくわ1本分を軽く炒め、酒小さじ2を振る。薄皮を取ったたらこ½腹とみりん小さじ1を加えて炒め、しょうゆ少々で味を調える。

冷凍するなら

1か月

太めの細切りや乱切りなど使いやすい大きさに切って小分けにしてラップで包み、冷凍用保存袋に入れて冷凍。凍ったまま、汁物や炒め物、和え物に。

じゃがいも

旬 4月〜6月、9月〜11月

選び方 皮が薄くて、全体に固さがあるもの

主な栄養成分 炭水化物、ビタミンB6・C、カリウム、食物繊維

じゃがいもに豊富なビタミンCはでんぷんに包まれているため、加熱に強いことが特徴です。また体内の塩分濃度を調整するカリウム、便秘を改善する食物繊維もたっぷり。じゃがいもの皮にはポリフェノールの一種、クロロゲン酸という抗酸化物質があり、がん予防などに効果があります。有害物質のソラニンがある芽は除いて、皮ごとの調理がおすすめ。

Recipe

じゃがいも メープルバター

作り方（1人分）

じゃがいも1個は皮つきのままよく洗い、濡らしたキッチンペーパーを巻いてから、ラップで包み、電子レンジで3分加熱する。十字に切り目を入れてバター10gをのせ、メープルシロップを適量かける。

常温保存 新聞紙で包んで保存

風通しのよい場所で2か月

新聞紙でまとめて包んで、風通しのよい場所へ。りんごと一緒に包むと、エチレンガスの作用で芽が出にくくなります。室温が15℃を超えたら、野菜室で保存しましょう。

冷蔵庫保存 ペーパーで包んで保存

野菜室で1か月

気温が高くなる夏場は芽が出やすくなるので、野菜室へ。低温に弱いので、2〜3個ずつキッチンペーパーで包んでポリ袋に入れます。

新じゃがいもの保存法は？

5、6月が旬。保存法はじゃがいもと同じですが、水分量が多いので、長期保存には向きません。1週間ほどで食べ切りましょう。小粒で薄皮なので、皮ごと煮物やポテトフライに。

冷凍するなら

1〜2か月

皮ごとよく洗い、水けを拭き取り、丸ごと冷凍用保存袋に入れて冷凍。凍ったまま水からゆでれば、生からゆでたのと同じ食感に。

ごぼう

旬 11月〜1月

選び方 ひげ根が少なく、太さが均一なもの

主な栄養成分 葉酸、カリウム、マグネシウム、食物繊維

野菜の食物繊維は水に溶けない不溶性が多いのですが、ごぼうは不溶性と水溶性のどちらも多いのが特徴。不溶性の食物繊維は腸の蠕動運動を活発にしてお通じをよくし、水溶性の食物繊維は血糖値の急激な上昇を抑えます。皮付近に含まれるクロロゲン酸は抗酸化・抗がん作用の期待大。皮に付いた泥はたわしなどでこそげ取り、皮ごと食べましょう。

Recipe

ごぼうの味噌ヨーグルト漬け

作り方（2人分）

ごぼう½本は洗って5cm長さに切り、太いものは縦4等分に切る。熱湯で30秒ほどゆでて水けを拭き、味噌大さじ2、プレーンヨーグルト大さじ1でひと晩漬ける。食べるときに水でさっと洗い器に盛る。

洗いごぼう

濡らしたペーパーで包んで保存

野菜室で1週間

洗いごぼうは乾燥を防ぐため濡らしたキッチンペーパーで包み、ポリ袋に入れて保存。

泥付きごぼう

新聞紙で包んで保存

冷暗所で2週間

泥付きごぼうは、新聞紙で包んで冷暗所へ。ただし室温が15℃を超える場合は、新聞紙で包んで野菜室で保存。

冷凍するなら

1か月

ささがきや薄切りなどにして水にさらした後、キッチンペーパーで水けを拭き取り、小分けにしてラップで包んで、冷凍用保存袋へ。凍ったまま炊き込みごはんや煮物、汁物などに。

れんこん

旬 11月〜2月

選び方 切り口がみずみずしく、穴の中が黒くないもの

主な栄養成分 炭水化物、ビタミンC、パントテン酸、カリウム、食物繊維

主な成分は炭水化物に含まれるでんぷんですが、ビタミンCも多く、でんぷんに包まれているため加熱に強いことが特徴。切ったときに糸を引くねばり成分には、消化促進効果があります。切り口が空気に触れると変色しますが、これはタンニンというポリフェノールを含むため。タンニンは抗酸化力に優れ、皮や節に多いので皮ごと調理を。

水に浸して保存

冷蔵室で7日

保存容器にれんこんとかぶるくらいの水を入れ、塩ひとつまみを加えて蓋をして保存。水は2日に1度取り替えます。栄養素が水に流れやすいのでなるべく早めに食べるように。

塩をひとつまみ入れる

Recipe

れんこんのレンジきんぴら

作り方（2人分）

れんこん150gは2mm幅の輪切りにし、水に軽くさらす。水けを拭いて耐熱ボウルに入れ、しょうゆ・みりん各小さじ2、砂糖小さじ⅔、ごま油小さじ½で和え、ラップをかけて電子レンジで4分加熱する。

冷凍するなら

3〜4週間

半月切り、薄切り、乱切りなど使いやすい大きさに切り、2〜3分酢水につけます。キッチンペーパーで水けを拭き取り、冷凍用保存袋に入れ、空気を抜いて保存。凍ったまま煮物や汁物、炒め物などに。

かぶ

旬 3月〜5月、11月〜1月

選び方 葉がみずみずしく、根が白くて丸々しているもの

主な栄養成分 β-カロテン、ビタミンC・K、カリウム、カルシウム、鉄

かぶの根はほとんどが水分ですが、比較的ビタミンCを多く含みます。大根と同様にジアスターゼという消化酵素があり、消化促進、胃もたれや胸焼けの予防・改善に役立ちます。葉にはビタミンKが豊富で、β-カロテンやカルシウム、鉄分などが含まれますから、葉も捨てずに調理しましょう。

根 ペーパーで包んで保存

野菜室で10日

水分を葉に取られてしまうので、葉と根を切り分けます。根は1、2個ずつ切り口を覆うようにキッチンペーパーで包み、ポリ袋に入れて保存。

葉 根元を濡らしたペーパーで包み、保存

野菜室で3日

水で濡らしたキッチンペーパーで根元を巻き、ポリ袋に入れるかラップで巻いて、立てて保存します。

Recipe

かぶのポン酢炒め

作り方（2人分）

かぶ1個は皮ごと縦半分に切って5mm幅に切り、葉は3cm長さに切る。フライパンにサラダ油小さじ1を入れて中火で熱し、炒める。火が通ったら、ポン酢大さじ1と½を加えて器に盛る。

ビーツの保存法は？

ロシア料理のボルシチに欠かせないビーツは、6〜7月、11〜12月が旬。かぶに似ていますが、実はほうれん草の仲間です。赤色に抗酸化作用に優れたアントシアニンが豊富に含まれ、生活習慣病の予防に効果大。固いので丸ごとゆでてから調理を。保存法はかぶの根と同様に、乾燥を避けて保存します。

冷凍するなら

1か月

根はくし形やいちょう切りなど使いやすい大きさに、葉は3〜4cm長さに切ってラップで包み、冷凍用保存袋に入れて冷凍。凍ったまま、炒め物、煮物、汁物に。

さつまいも

旬 9月〜11月

選び方 ハリとツヤがあり、表皮に傷や黒ずみがないもの

主な栄養成分 炭水化物、ビタミンC・E、カリウム、食物繊維

新聞紙で包んで保存

風通しのよい場所で
1か月（泥付き）、**2週間**（泥なし）

泥付きも水洗いしたものも、新聞紙に包んで風通しのよい場所へ。冷やしすぎると甘みが薄れますが、室温が15℃を超えたら野菜室で保存。

主な成分は炭水化物に含まれるでんぷんですが、ビタミンCや食物繊維も含みます。さつまいもの食物繊維は水溶性も多いのでお通じをよくし、胃や腸で水を吸ってふくらむので満腹感を感じやすくダイエットにおすすめ。皮にはアントシアニンなどのポリフェノールが含まれますので、皮ごと調理しましょう。

Recipe

さつまいもごはん

作り方（2人分）

さつまいも½本は皮ごとひと口大に切って水に軽くさらす。米1合は洗って炊飯器に入れ、薄口しょうゆ・みりん各大さじ½を加えてから目盛りまで水を注ぎ、さつまいもをのせて炊く。器に盛り、黒いりごまを振る。

冷凍するなら

1か月

皮ごと輪切りやくし切りなど使いやすい大きさに切って、軽く水にさらし、水けをよく拭き取ります。冷凍用保存袋に入れ、空気を抜いて冷凍。凍ったまま、炊き込みごはん、煮物、天ぷらに。

里いも

旬 9月～11月

選び方 泥付きで、表面に多少湿り気があるもの

主な栄養成分 炭水化物、ビタミンB1、カリウム、食物繊維

主な成分は炭水化物に含まれるでんぷんですが、いも類の中では低カロリーです。またカリウムを含むので、血圧が気になる人におすすめ。特有のぬめりはガラクタンなどによるもので、免疫力をアップし、血圧やコレステロールの上昇を抑えますので、調理時にぬめりを取りすぎないように。

新聞紙で包んで保存

風通しのよい場所で3週間（泥付き）、野菜室で1週間（泥なし）

泥付きの里いもは新聞紙に包んで風通しのよい場所へ。乾燥や寒さに弱いのですが、室温が15℃を超えたら野菜室で保存。洗ったものは天日干しして皮表面をよく乾かし、新聞紙で包んでポリ袋に入れて野菜室へ。

Recipe

里いもの磯辺揚げ

作り方（2人分）

里いも2個は皮をむき、半分に切って耐熱皿に並べ、ラップをかけ電子レンジで2分加熱する。小麦粉15g、水大さじ2、青のり大さじ½を混ぜた衣にくぐらせ、170℃の油で2分ほど揚げ、塩少々を振る。

冷凍するなら

1か月

皮をむき、輪切りなど食べやすい大きさに切ってから冷凍用保存袋に入れて冷凍。凍ったまま、煮物や炊き込みごはん、炒め物などに。

長いも・山いも

旬 11月～1月、3月～4月

選び方 白くてみずみずしく、切り口が変色していないもの

主な栄養成分 ビタミンB1、カリウム、食物繊維

切り口にペーパーをかぶせて保存

冷蔵室・野菜室で **2～3** 週間

独特のねばりがある長いもと山いもは、いも類にしては珍しく生食できます。栄養価はほぼ同じで、消化酵素のジアスターゼがでんぷんの消化を助け、ぬめり成分は滋養強壮や血糖値を下げる働きがあります。長いものほうが山いもに比べて水分が多くねばりが少ないので、サラダや和え物などに、山いもはとろろに最適。

切り口から傷むので、キッチンペーパーで切り口をしっかりと覆い、輪ゴムで留めてポリ袋に入れて、保存。

Recipe

長いものレンジ蒸し

作り方（2人分）

長いも150gは皮をむいて1cm幅のいちょう切りにして耐熱皿に入れ、バター10gをのせる。ラップをかけて電子レンジで3分加熱し、しょうゆ少々を加えてよく混ぜ、器に盛る。あればパセリのみじん切りを散らす。

冷凍するなら

1か月

皮をむき、使いやすい大きさに切ってからラップで包み、冷凍用保存袋に入れて冷凍。凍ったまま、汁物やグラタン、すりおろしても。

しいたけ

旬 3月～5月、9月～11月

選び方 傘が開きすぎず、裏のひだが白くきれいなもの

主な栄養成分 ビタミンB1・B2・D、ナイアシン、食物繊維

旨 味成分のグアニル酸を多く含むしいたけは食物繊維の多いヘルシー食材。しいたけ特有の成分エリタデニンは、腸内環境を改善したり、血圧の上昇を抑えたりと、生活習慣病の予防に役立ちます。また、日光に当てるとカルシウムの吸収を助けるビタミンDに変わるエルゴステロールという成分を含みますから、調理の前に天日干しするといいでしょう。

軸を上に向けてペーパーで包んで保存
冷蔵室で7～10日

傘の中の胞子が落ちると鮮度が失われるので、軸を上にして2、3個ずつキッチンペーパーで包み、ポリ袋に入れて保存。水けに弱いので、ペーパーが湿ってきたら取り替えます。

軸は
上にして！

Recipe

しいたけのチーズ焼き

作り方（作りやすい分量）

しいたけ2個は石づきを切り落とし、軸はみじん切りにする。ピザ用チーズ10gと軸を混ぜて、しいたけの傘の内側にのせる。トースターでチーズに焼き色がつくまで焼き、器に盛る。

冷凍するなら

1か月

石づきを切り落とし、傘と軸に分け冷凍用保存袋に入れて冷凍。凍ったまま鍋や煮物、炒め物などに。きのこ類は冷凍すると旨味がアップします。

しめじ

旬 通年

選び方 ハリと弾力があり、傘が開きすぎていないもの

主な栄養成分 ビタミンD、ナイアシン、葉酸、カリウム、食物繊維

しめじとして一般的に流通しているのは、ぶなしめじやひらたけの栽培種。お通じをよくする食物繊維を含み、中性脂肪、悪玉コレステロールの値を低くして脂肪の代謝を改善するナイアシンが豊富なので、ダイエットにもおすすめ。

ペーパーで包んで保存

冷蔵室で7日

水けに弱いので、表面に水がついていたら拭き取り、根元を下にしてキッチンペーパーで包み、ポリ袋に入れて保存。根元は切り落とさないことが長持ちのコツ。

根元部分をしっかり包む

Recipe

しめじのなめたけ風

作り方（2人分）

しめじ½株は根元を切り落としてほぐし、ボウルに入れる。ラップをかけ、電子レンジで2分加熱し、しょうゆ大さじ1、みりん・酒各大さじ½、顆粒和風だしふたつまみを加えてよく混ぜ、10分ほど漬ける。

冷凍するなら

1か月

根元を切ってほぐし、冷凍用保存袋に入れて冷凍。凍ったまま鍋や煮物、炒め物などに。

えのき

旬 通年

選び方 白くて軸が太く、ハリのあるもの

主な栄養成分 ナイアシン、葉酸、パントテン酸、カリウム

天然ものはエノキなどの枯れ木に自生し茶色ですが、流通しているのは日に当てずに栽培された白いものがほとんど。血行をよくするナイアシンが豊富で、冷え性改善のほか、アセトアルデヒドを分解する働きもあるため二日酔いにもおすすめ。エネルギー代謝に働くパントテン酸が多く、肥満予防に役立ちます。

ペーパーで包んで保存

冷蔵室で7日

水けに弱いので、表面に水がついていたら拭き取り、キッチンペーパーで包み、ポリ袋に入れて保存。根元は切り落とさないことが長持ちのコツ。

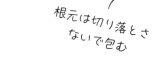

根元は切り落とさないで包む

Recipe

えのきの白だし漬け

作り方(2人分)

½株のえのきの根元を切り落とし、長さを4等分に切ってほぐす。ボウルに入れ、水大さじ1と½と白だし小さじ2、赤唐辛子の小口切りを少量加えてよく混ぜる。ラップをかけ、電子レンジで2分加熱する。

冷凍するなら

1か月

根元を切ってほぐし、冷凍用保存袋に入れて冷凍。凍ったまま鍋や煮物、炒め物などに。

エリンギ

選び方 白くて軸が太く、弾力と固さのあるもの

主な栄養成分 ビタミンB2・D、葉酸、パントテン酸、ナイアシン、カリウム、食物繊維

日本では自生していないエリンギは、癖のない味わいと弾力のある食感が特徴。食物繊維を含むため腸内環境を整え、免疫力アップに役立ちます。高血圧を改善するカリウムや、炭水化物などの代謝をよくするパントテン酸、ナイアシンなどもたっぷり。加熱してもかさが減りにくく歯ごたえがあるので、ダイエットにもおすすめです。

ペーパーで包んで保存

冷蔵室で7日

水けに弱いので、表面に水がついていたら拭き取り、キッチンペーパーで包み、ポリ袋に入れて保存。

Recipe

エリンギとベーコンのマヨ炒め

作り方（作りやすい分量）

フライパンにマヨネーズ小さじ2と1cm幅に切ったベーコン1枚分を入れて中火で熱し、ひと口大の薄切りにしたエリンギ1本分を加え炒める。焼き色がついたらしょうゆ小さじ2/3で調味し、器に盛り、黒こしょう少々を振る。

冷凍するなら

1か月

食べやすい大きさに切って、冷凍用保存袋に入れて冷凍。凍ったまま鍋や煮物、炒め物などに。

まいたけ

旬 通年

選び方 傘が肉厚で、弾力とハリのあるもの

主な栄養成分 ビタミンD、ナイアシン、葉酸、食物繊維

ペーパーで包んで保存

冷蔵室で**7**日

まいたけはきのこ類の中でも、健康な骨を作るビタミンDが豊富です。食物繊維の一種、β-グルカンが多いのも特徴で、免疫機能を正常に保ち、整腸作用があるため、大腸がんなどの予防効果も期待できます。

水けに弱いので、表面に水がついていたら拭き取り、キッチンペーパーで包み、ポリ袋に入れて保存。

Recipe

まいたけの焼きびたし

作り方（2人分）

まいたけ½パックは食べやすく割き、オリーブオイル小さじ1をまぶす。中火で熱した魚焼きグリルで5分焼き、水大さじ3、めんつゆ（3倍希釈）大さじ1に浸す。汁ごと器に盛り、青ねぎの小口切りを散らす。

冷凍するなら

1か月

食べやすい大きさに手で割いて、冷凍用保存袋に入れて冷凍。凍ったまま鍋や煮物、炒め物に。

なめこ

旬 通年（天然ものは10月～11月）

選び方 傘の大きさが均一で、光沢があるもの

主な栄養成分 ナイアシン、葉酸、パントテン酸、カリウム、食物繊維

なめこ特有のぬめり成分は、高血圧や糖尿病などの生活習慣病の予防や、二日酔いの解消などに効果を発揮。ほかのきのこ同様に、腸内環境を改善する食物繊維や、免疫力を高め抗がん作用も期待できる β-グルカンも豊富です。ぬめりの部分に有効成分が多く含まれます。

ラップで覆い保存

チルド室で3日

開封前のものはそのままチルド室に。残ったものは器に入れ、表面をぴったりとラップで覆い、チルド室で保存。

ラップは
凹ませて

サンラータン風スープ

作り方（2人分）

鍋に水400㎖、鶏がらスープの素小さじ2、なめこ1袋を入れて火にかけ、煮立ったら溶き卵1個をまわし入れる。酢小さじ2、しょうゆ小さじ1、長ねぎの小口切りを適量加えてひと煮し、器に盛りラー油を垂らす。

冷凍するなら

1か月

購入時の袋のまま、冷凍用保存袋に入れて冷凍。凍ったまま汁物などに。

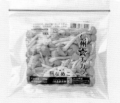

マッシュルーム

旬 通年

選び方 傘がつるつるで
よく締まっているもの

主な栄養成分 パントテン酸、カリウム、
銅、食物繊維

ま ろやかで上品な味わいのホワイト種と濃厚な風味のブラウン種があります。きのこ類に多いパントテン酸というビタミンが特に多いのが特徴で、脂肪の燃焼や抗ストレス、免疫力アップ、善玉コレステロールの増加促進などさまざまな働きをします。加熱に弱いので生のままサラダにしたり、軽くソテーしたりして食べるのがおすすめ。

ペーパーで包んで保存

冷蔵室で**7**日

表面に水分があれば拭き取り、キッチンペーパーで包んでからポリ袋に入れて保存。

Recipe

マッシュルームのサラダ

作り方（2人分）

ひと口大にちぎったリーフレタス適量と、縦薄切りにしたマッシュルーム2〜3個分を合わせて器に盛り、マヨネーズ大さじ2、酢大さじ1、はちみつ小さじ1、黒こしょう適量を混ぜたドレッシングをかける。

冷凍するなら

1か月

生のまま、丸ごと冷凍用保存袋に入れて冷凍。凍ったままでも切れるので、使いやすいように切って炒め物などに。

4章

薬味、香味野菜

食欲をそそる香りが特徴の香味野菜。
薬味に少しずつ使うからこそ、香りと鮮度を保てるよう、
乾燥対策をしっかりして保存します。

しょうが

旬 6月〜8月

選び方 縞模様が等間隔で、ハリと光沢のあるもの

主な栄養成分 ビタミンB6・E、カリウム、マンガン、食物繊維

濡らしたペーパーで
包んで保存

チルド室で3週間

ペーパーは
1週間おきに交換

香 味野菜の代表格しょうがは、豊富な香り成分が食欲増進などに役立ちます。辛味成分に含まれるジンゲロールには殺菌作用や免疫力アップ効果があり、加熱するとショウガオールに変化し、血流促進などの働きも。ジンゲロールは皮付近に多いので、皮ごと調理しましょう。

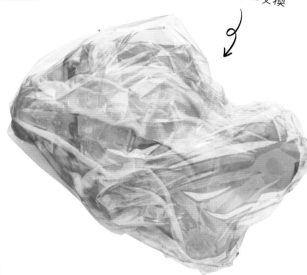

濡らしたキッチンペーパーで包み、さらにラップをしてチルド室で保存。ペーパーは1週間おきに取り替えます。切ったものも同じ。

Recipe

ジンジャートースト

作り方（1〜2人分）

斜め切りにしたバゲット2〜3枚にバターを適量塗り、皮ごとすりおろしたしょうがを適量薄く広げて塗る。トースターで加熱し、焼き色がついたら器にのせる。さらに、はちみつをかけてもおいしい。

冷凍するなら

1〜2か月

ひとかけずつ、薄切り、千切り、みじん切り、すりおろしなど、使いやすく切ってラップで包み、冷凍用保存袋で冷凍。すりおろしは自然解凍、ほかは凍ったまますりおろすなどして使えます。

にんにく

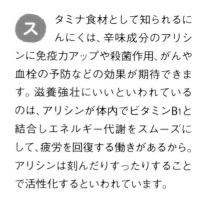

旬 5月～7月

選び方 1片ずつ均等にふくらみ、ずっしりと重いもの

主な栄養成分 ビタミンB1・B6、カリウム、リン、食物繊維

ス タミナ食材として知られるにんにくは、辛味成分のアリシンに免疫力アップや殺菌作用、がんや血栓の予防などの効果が期待できます。滋養強壮にいいといわれているのは、アリシンが体内でビタミンB1と結合しエネルギー代謝をスムーズにして、疲労を回復する働きがあるから。アリシンは刻んだりすったりすることで活性化するといわれています。

ペーパーで包んで保存

チルド室で2か月

キッチンペーパーで包み、ポリ袋に入れてチルド室で保存。芽が出ず長持ちします。丸ごとでも1片ずつでも同じ。

Recipe

枝豆のガーリック炒め

作り方(2人分)

冷凍枝豆200gは解凍して、キッチンペーパーで水けを拭き取る。フライパンにオリーブオイル大さじ1とにんにくのみじん切り1片分を入れて弱火にかけ、香りが出たら枝豆を加えて炒め合わせる。

冷凍するなら

1～2か月

1片ずつ、薄切り、千切り、みじん切り、すりおろしなど、使いやすく切ってラップで包み、冷凍用保存袋で冷凍。すりおろしは自然解凍、ほかは凍ったまますりおろすなどして使えます。

みょうが

旬 6月〜10月

選び方 ふっくらと丸みがあり、締まっているもの

主な栄養成分 ビタミンE・K、カリウム、マンガン、食物繊維

本州から沖縄まで自生するみょうがはしょうがの仲間で、食用の栽培は日本だけといわれています。独特の香り成分α-ピネンは、胃の消化を助け、高血圧の予防・改善、血行促進や発汗作用などの働きもあります。α-ピネンは揮発性で脂溶性なので、切ったり刻んだりして油と一緒に食べると効率よく吸収できます。

水に浸して保存

冷蔵室で7日

保存容器にみょうがを入れ、ひたひたになるくらい水を注いで蓋をして保存。水は3日に1度取り替えます。

水は3日に1度、交換を

みょうがのタルタルソース

作り方（作りやすい分量）

ボウルにゆで卵1個を入れてフォークで細かくつぶし、粗みじん切りにしたみょうが2個分とマヨネーズ大さじ2、酢小さじ½、塩・こしょう各少々を加えて和える。海老フライや鮭フライに添えて。

冷凍するなら

1か月

薬味などに使いやすい大きさに切ってラップで包むか、丸ごと冷凍用保存袋に入れて冷凍。薬味には自然解凍で、丸ごとなら凍ったままマリネ液に漬けてピクルスなどに。

大葉

旬	7月〜10月
選び方	色が鮮やかで、香りが強く、みずみずしいもの
主な栄養成分	β-カロテン、ビタミンB2・C・E・K、カルシウム、鉄

葉に水が
かからないように

昔 から薬味として使われてきた大葉は青じそとも呼ばれ、香り成分のペリルアルデヒドに食欲増進作用などがあります。抗菌力、防腐力もあるため、食中毒を予防する効果も。刻んだほうが香りも薬効もアップするので、刺身などに添えるときも刻むといいでしょう。

蓋をして
保存

湿らせたペーパーで保存

野菜室・冷蔵室で2〜3週間

キッチンペーパーを湿らせて空き瓶などの底に敷き、軸を挿して、蓋かラップをして保存。葉に水がつくと傷むので、要注意。ペーパーは乾く前に交換します。

Recipe

大葉納豆のTKG

作り方（1人分）

卵は卵白と卵黄に分け、温かいごはんに卵白をのせる。納豆1パックに付属のタレと辛子、粗みじん切りにした大葉3枚分を加えてよく混ぜ、卵白をのせたごはんにのせ、中央に卵黄を盛る。

冷凍するなら

3週間

ざく切りにして、冷凍用保存袋に入れて冷凍。凍ったまま手でもみほぐして薬味として利用を。

クレソン

旬 4月〜5月

選び方 太くて節の間隔が狭く、緑が濃く、香りがあるもの

主な栄養成分 β-カロテン、ビタミンC・K、カリウム、カルシウム、鉄

ヨーロッパ原産のクレソンは、清流で多く自生します。辛味成分のシニグリンが脂質の消化を促進するため、肉料理の添え物にはぴったり。また殺菌作用や血液サラサラ効果などもあります。茎も栄養成分が豊富なので、葉と一緒に食べましょう。

根元を水につけて保存

冷蔵室・ドアポケットで3日間

水を2cmほど注いだコップなどに根元をつけて、ポリ袋をかぶせて輪ゴムで留めて保存。水は毎日取り替えます。水のきれいな場所で育つので、まめに交換したほうが長持ちします。

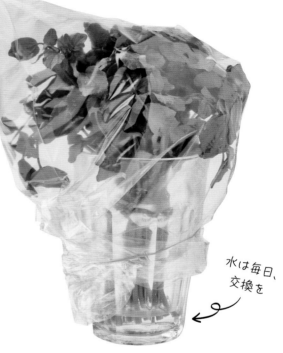

水は毎日、交換を

Recipe

クレソンと刺身の ごまダレ和え

作り方(2人分)

白身魚(鯛やひらめ)の刺身のさく100gは、食べやすく薄いそぎ切りにする。市販のごまダレ大さじ2で和え10分ほど置いてから、ざく切りにしたクレソン½束分と和え、器に盛る。

冷凍するなら

3〜4週間

ざく切りにして冷凍用保存袋に入れて保存。使いたい量だけ取り出し、凍ったまま炒め物や和え物、スープなどに。

パセリ

旬	通年

選び方 みずみずしく、鮮やかな緑で、ピンとしたもの

主な栄養成分 β-カロテン、ビタミンC・K、カルシウム、鉄

根元を水につけて保存

冷蔵室・ドアポケットで2週間

コップなどに水を少々注ぎ、根元をつけて、ポリ袋をかぶせ輪ゴムで留めて保存。水は4、5日に1度取り替えます。

洋 食の添え物になることの多いパセリですが、葉、茎ともに栄養豊富な優良食材。美肌効果のビタミンC、骨粗しょう症を予防するカルシウムやビタミンK、貧血を防ぐ鉄などが多く含まれます。また香り成分のアピオールは消化促進や整腸作用も。刻んでたっぷり食べたい野菜です。

水は
4、5日に1度
交換を

Recipe

たっぷりパセリの ポテトサラダ

作り方（2人分）

じゃがいも2個は皮をむいてひと口大に切り、水からゆでる。火が通ったらボウルに入れ、酢小さじ1を加え粗くつぶし、パセリの葉のみじん切り½束分とマヨネーズ大さじ2、塩・こしょうを加えてよく混ぜる。

冷凍するなら

1か月

葉と茎を分け、冷凍用保存袋に入れて保存。葉は凍ったまま手でもみほぐしてタルタルソース、コロッケ、トッピングなどに使います。茎は煮込みやスープの風味づけに。

バジル

旬 **7月〜9月**

選び方 みずみずしく、鮮やかな緑のもの

主な栄養成分 β-カロテン、ビタミンE・K、カリウム、カルシウム、鉄

イ タリア料理によく使われるシソ科のハーブで、日本語では目箒（めぼうき）といいます。独特の清涼感のある香りは、リナロールやオイゲノールなどの精油成分によるもの。消化促進や抗菌作用などのほか、緊張やストレスをやわらげる鎮静作用も期待できます。

湿らせたペーパーで保存

野菜室・冷蔵室で 10日

保存容器に湿らせたキッチンペーパーを敷き、バジルを入れて蓋をして保存。葉が黒ずみやすいので、早めに使い切りましょう。

Recipe

バジルとマンゴーのヨーグルト

作り方（1人分）

器にプレーンヨーグルト100gを入れ、冷凍角切りマンゴー50gをのせる。粗みじん切りにしたバジルの葉2枚分を散らし、オリーブオイルとはちみつ各適量をかける。冷凍ブルーベリーもおすすめ。

冷凍するなら

1か月

茎から1枚ずつ葉を摘み取り、冷凍用保存袋に入れて冷凍。凍ったまま手でもみほぐして使います。

ミント

旬 **5月〜10月**

選び方 みずみずしく、ハリのあるもの

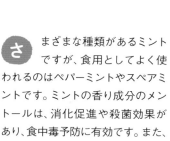

湿らせた
ペーパーで保存

野菜室・冷蔵室で **10日**

保存容器に湿らせたキッチンペーパーを
敷き、ミントを入れて蓋をして保存。

さ まざまな種類があるミント
ですが、食用としてよく使
われるのはペパーミントやスペアミ
ントです。ミントの香り成分のメン
トールは、消化促進や殺菌効果が
あり、食中毒予防に有効です。また、
リラックスやリフレッシュのほか、
鎮痛作用もあるため頭痛などをや
わらげる働きも期待できます。

Recipe

ブリとミントの
竜田揚げ

作り方（2人分）

ブリの切り身2枚はひと口大に切
り、ナンプラー・酒各大さじ1と和え
てから、みじん切りにしたミント適
量、ごま油大さじ1を加えて10分漬
ける。汁けを軽く切って片栗粉を振
り、180℃の油で3分ほど揚げる。

冷凍するなら

1か月

葉をそのまま冷凍
用保存袋に入れて
冷凍。凍ったまま手
でもみほぐして使い
ます。

パクチー

旬 **3月～6月**

選び方 香りが強く、茎は太すぎず、しなやかなもの

主な栄養成分 β-カロテン、ビタミンC、カルシウム、鉄

香 菜、シャンツァイ、コリアンダーともいわれるパクチー。独特の香り成分はリナロールやゲラニオールなどによるもので、食欲増進、消化促進、整腸作用などのほか、ストレスをやわらげる働きもあります。香り成分は根っこのほうが豊富なので、煮込みやスープなどの風味づけに使うといいでしょう。

葉の水けは取って

根元はペーパーにつける

湿らせたペーパーで保存

冷蔵室・野菜室で **10日**

水に2～3分ほどさらした後、しっかり水けを拭き取ります。湿らせたキッチンペーパーを敷いた保存容器に入れ、根元がつくようにし、保存。根元に濡らしたペーパーを巻いても。

Recipe

パクチーのごま和え

作り方（作りやすい分量）

パクチー1/2束は熱湯で20秒ほどゆでて冷水に取り、水けを絞って3cm長さに切る。白すりごま小さじ1、しょうゆ・砂糖各小さじ1/3で和えてから、ごま油少々を加えてなじませ、器に盛る。

冷凍するなら

1か月

葉と茎を分け、冷凍用保存袋に入れて保存。葉は凍ったまま手でもみほぐしてスープのトッピングなどに。茎は刻んで餃子や肉団子の具に。

レモン

旬 12月～1月

選び方 ツヤとハリ、弾力のあるもの

主な栄養成分 ビタミンC、葉酸、カリウム

ペーパーで包んで保存

野菜室で2～3週間

1、2個ずつキッチンペーパーで包み、ポリ袋に入れて野菜室で保存。カットしたレモンの保存法と保存期間は、切り口にペーパーをかぶせ、全体をラップで包んで1週間。

ビタミンCの量をレモン何個分と表現するようにビタミンCが豊富で、抗酸化力・免疫力アップ、老化防止、美肌効果などがあります。レモン果汁に含まれるクエン酸は疲労回復やミネラルの吸収力アップに役立ちます。皮にはポリフェノールが含まれますので皮ごとの調理もおすすめですが、その場合は国産を使いましょう。

Recipe

レモンと塩麹の そうめんつゆ

作り方（1人分）

器に塩麹・レモン汁各大さじ1、顆粒和風だし小さじ½をよく混ぜ、冷たい水100㎖を注ぎ、薄切りにしたレモンを1枚浮かべる。そうめんに添えれば、さっぱりとしたそうめんつゆに。

ライムの保存法は？

レモンと同じミカン科ミカン属のライムは、ビタミンCやクエン酸が豊富。レモンよりシャープでビターな香りは、生の魚介類料理におすすめです。保存法は、レモンと同様です。

冷凍するなら

1か月

輪切りやくし形切りなど、使いやすいように切って、冷凍用保存袋か冷凍用保存容器に。果汁のみの場合、アルミカップや製氷皿に入れ、凍ったら冷凍用保存袋に。どちらも自然解凍して使います。

柚子

旬 10月～12月

選び方 ツヤとハリがあり、爽やかな香りがするもの

主な栄養成分 β-カロテン、ビタミンC、パントテン酸、カリウム、食物繊維

ペーパーで包んで保存

野菜室で 10日

1個ずつキッチンペーパーで包み、ポリ袋に入れて野菜室で保存。すぐ使わない場合や使いかけは、冷凍を。

香 りづけによく使われる柚子は、ビタミンCやクエン酸が豊富で、風邪の予防や美肌、抗酸化・抗ストレスなどに効果大。果皮は果汁以上に栄養価が高く、リモネンなどの香り成分にリラックス作用などが期待できるほか食物繊維もありますから、丸ごと使ってマーマレードなどを作るのもおすすめ。

Recipe

柚子バタートースト

作り方（1人分）

バター10gは室温に置いてやわらかくし、はちみつ小さじ1、柚子の絞り汁小さじ½～1、柚子の皮の細切りを適量加えてよく混ぜる。半分に切ってトーストした4枚切りの食パン1枚に塗る。

かぼす、すだちの保存法は？

柚子よりも少し大きめのかぼすと、柚子より小さいすだち。どちらもすがすがしい香りが料理の香りづけにぴったり。ビタミンCやクエン酸が豊富なので、疲労回復や老化防止に役立ちます。保存法は柚子と同様です。

冷凍するなら

3か月

柚子の皮は刻むと香りが飛んでしまうので、丸ごとラップで包み、冷凍用保存袋に。使うときは凍ったまま、必要な分だけ果皮を切り分けます。果汁のみの場合、アルミカップや製氷皿に入れ、凍ったら冷凍用保存袋に。

5章

大豆加工品&卵・乳製品

豆腐や納豆、卵、牛乳など、毎日の食卓に欠かせない野菜以外の食材。
最後までおいしく使い切れるように、
それぞれに合った保存法を紹介します。

豆腐

主な栄養成分

タンパク質、脂質、ビタミンB群、
マグネシウム、鉄、カリウム

豆 乳からできる豆腐は、大豆の栄養がたっぷり。体を作る元になる良質なタンパク質や、エネルギー源になる脂質などのほか、脳を活性化するレシチン、老化防止に役立つ大豆サポニンなども豊富。女性ホルモンに似たイソフラボンも注目で、骨粗しょう症や乳がんの予防効果も期待できます。

ペーパーに包んで保存

冷蔵室で2日間

使って残った豆腐はキッチンペーパーに包んでからラップで包むか、保存容器に入れて、冷蔵室で保存。豆腐の旨味が保てます。

水につけて保存

冷蔵室で4日

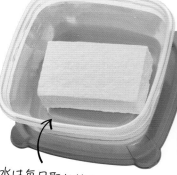

保存容器に豆腐と水を入れて冷蔵室で保存。水は毎日取り替えます。長持ちしますが、豆腐の旨味は抜けて、味が薄まります。

水は毎日取り替える

Recipe

塩昆布とチーズの温やっこ

作り方(作りやすい分量)

豆腐½丁は10分程度水切りして手で大きく崩し、耐熱皿にのせる。塩昆布ひとつまみとピザ用チーズ20gを混ぜてのせ、ラップをかける。電子レンジで2分加熱し、ポン酢適量をかける。

冷凍するなら

1か月

食べやすい大きさに切って水けを取り、冷凍用保存袋に入れて冷凍。凍ったまま加熱調理可。使う前なら購入時のパックのまま冷凍でき、保存期間は2か月。使うときは常温で自然解凍。凍らせると木綿は肉、絹は湯葉のような食感に。

油揚げ

主な栄養成分

タンパク質、脂質、カルシウム、
マグネシウム、鉄、カリウム

薄切りにした豆腐を揚げた油揚げは、良質なタンパク質や老化防止に役立つ大豆サポニン、骨粗しょう症や乳がんの予防効果も期待できるイソフラボンなど、大豆由来の栄養が豊富です。脂質が多いので、気になる人は熱湯をかけ回したりゆでたりして油抜きし、余分なカロリーを除くようにするといいでしょう。

ペーパーで包んで保存

冷蔵室で3〜4日

1枚ずつキッチンペーパーで包み、ポリ袋に入れて冷蔵室で保存。

1枚ずつペーパーで包む

Recipe

油揚げの
ねぎマヨ焼き

作り方（作りやすい分量）

小口切りにした青ねぎ大さじ1とマヨネーズ大さじ1、しょうゆ小さじ½を加えてよく混ぜ、油揚げ1枚に塗り、ピザ用チーズ適量をのせ、トースターで焼き色がつくまで加熱する。4等分に切って器に盛る。

冷凍するなら

1か月

使いやすい大きさに切り、冷凍用保存袋に入れて冷凍。そのまま使えますが、油が気になる場合は、解凍をかねて熱湯をかけて油抜きしてから使っても。

納豆

主な栄養成分

タンパク質、ビタミンB群・K、
マグネシウム、鉄、カリウム、脂質

大豆を納豆菌で発酵させた納豆。大豆の栄養に加え、発酵する過程で生まれるねばねば成分のナットウキナーゼという酵素を含みます。ナットウキナーゼは血液をサラサラにしたり、血圧を下げたりと、生活習慣病予防に効果大。70℃を超えると死滅するので、加熱する場合には最後に加えたり、あつあつごはんにのせるのは避けたりして、酵素をうまく摂りましょう。

パックのまま保存

チルド室で賞味期限内

パックのままチルド室で保存し、発酵のスピードを遅らせます。賞味期限が過ぎても食べられますが、においが強くなる前に食べましょう。

Recipe

納豆と桜海老の
ぶっかけうどん

作り方(1人分)

冷凍うどん1袋は表示通り解凍して流水で洗い、水けを切って器に盛る。納豆1パック、桜海老大さじ1、小口切りにした青ねぎ大さじ2をのせ、めんつゆ(ストレート)を適量かける。お好みで練り辛子を添えて。

冷凍するなら

1か月

パックのまま冷凍用保存袋に入れてできるだけ空気を抜き、冷凍。自然解凍して食べます。

卵

主な栄養成分

タンパク質、脂質、ビタミン類、
鉄、カルシウム

完 全栄養食といわれる卵は、ビタミン
Cと食物繊維以外の栄養素をバラ
ンスよく含みます。必須アミノ酸(タンパク
質を作る20種類のアミノ酸のうち、食事か
ら摂る必要がある9種)も摂れるので、食生
活が乱れがちな人には特におすすめ。大き
さによる違いは白身の量の違いで、栄養価
の要である黄身の大きさは変わりません。

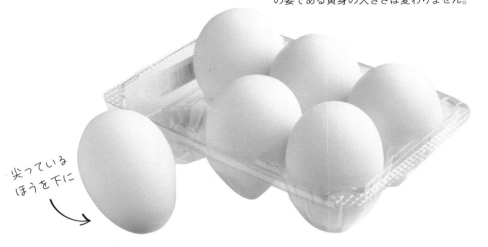

尖っている
ほうを下に

Recipe

味噌卵そぼろ

作り方(作りやすい分量)

フライパンに味噌大さじ2、砂糖・
みりん各大さじ1と½、おろししょ
うが小さじ1を入れて火にかける。
味噌が溶けたら溶き卵2個を加え、
4本の菜箸でそぼろ状になるまでよ
く混ぜながら火を通す。

尖ったほうを下にして保存

ドアポケット・冷蔵室で賞味期限内

尖ったほうを下にして保存します。すぐに使い切るなら
ドアポケットでOK。頻繁に使わない場合や夏場は、温
度変化と振動の少ない冷蔵室がおすすめです。なお、
しっかり加熱すれば、賞味期限後2、3日は食べられます。

冷凍するなら

1か月

生のまま冷凍用保
存袋に入れて冷凍。
凍ったまま目玉焼
きや、冷蔵室でゆ
っくり解凍すれば
卵かけごはんもOK。

牛乳

主な栄養成分

タンパク質、炭水化物、脂質、
ビタミンB2、カルシウム

5 大栄養素をバランスよく含む牛乳。特にタンパク質は良質で、9種の必須アミノ酸を含む20種のアミノ酸を含有。必須アミノ酸のひとつトリプトファンは、精神の安定に関わり幸せホルモンとも呼ばれる神経伝達物質セロトニンの原料になるといわれ、心身の健康に役立ちます。

開け口を留めて保存
ドアポケットで開封後 **4〜5日**

開封したら開け口をクリップで留め、ドアポケットで保存します。

賞味期限
（開封前）

Recipe

パンでグラタン

作り方（1人分）

耐熱皿にひと口大の食パン1枚分を入れ、コーンスープの素1袋と温めた牛乳150㎖を混ぜて注ぐ。ピザ用チーズ適量をのせ、トースターで焼き色がつくまで加熱。あればパセリのみじん切りやドライパセリを振る。

生クリームの保存方法は？

生クリームはチルド室で賞味期限内。開封後は開け口をクリップで留めて4日以内に使い切ります。

冷凍するなら

1か月

保存容器に移し替えて冷凍。使うときは、冷蔵室で解凍するか凍ったまま、シチューやホワイトソースなど料理に利用します。

チーズ

主な栄養成分

タンパク質、脂質、
ビタミンA・B₂、カルシウム

乳に含まれるタンパク質を乳酸菌や酵素の働きで固めたチーズ。原料となる乳の種類や発酵形式によってさまざまな種類があります。100gのチーズを作るのに10倍以上の乳を使うため、カルシウムなどの栄養が豊富。製造の過程で乳糖がほとんど除かれるので、牛乳を飲むとお腹がごろごろする乳糖不耐症の人も大丈夫です。

保存袋に入れて保存

チルド室で10日

乾燥に弱いので、保存袋に入れてチルド室で保存。開封後は、開け口をクリップなどでしっかり留めて。

Recipe

カリカリチーズせんべい

作り方（2人分）

クッキングシートに間隔をあけて、ピザ用チーズを10gずつかたまりにして5〜6つ並べ、黒いりごま少々を散らす。電子レンジで2分30秒ほど加熱し、粗熱を取ればカリカリとしたチーズせんべいに。

冷凍するなら

2か月

冷蔵庫からの出し入れが多いと湿気でカビが生える原因になるので、密閉できる袋や容器に入れて冷凍すると、風味よく長持ち。手でほぐして、凍ったまま使います。

ヨーグルト

主な栄養成分

タンパク質、脂質、
ビタミンA・B2、カルシウム

蓋をして保存
チルド室で開封後5日

購入したパックのまま、蓋をしっかり
閉めてチルド室で保存。

乳 や脱脂粉乳などを乳酸菌で
発酵させたヨーグルト。良
質で吸収しやすいタンパク質やカル
シウムなどの乳の栄養に加えて、乳
酸菌の働きも期待できます。乳酸菌
は、腸の調子を整え、免疫力アップ
やがんなどの予防効果大。腸の善玉
菌の餌となるオリゴ糖を含むはちみ
つを加えて食べるのもおすすめです。

Recipe

トマトの
ハニーヨーグルト

作り方（1人分）

器にプレーンヨーグルトを適量入れ、
乱切りにしたトマト1/2個分を盛る。
はちみつを適量まわしかけ、あれば
パセリを飾る。トマトのほか、きゅ
うりやアボカド、蒸したかぼちゃや
さつまいもなどとも相性抜群。

冷凍するなら
1か月

プレーン（無糖）ヨーグ
ルトをそのまま冷凍す
ると、解凍したときにホ
エイ（水分）が分離して
見た目や食感が悪くな
ります。砂糖を混ぜて
おくことで分離しなくなりますので、無糖のヨーグルト
100gに砂糖小さじ2を加えます。砂糖がない場合はジャ
ムでもOK。加糖ヨーグルトは砂糖を加えずに冷凍可。

冷蔵庫の野菜収納術

冷蔵庫に野菜をしまうときは、長持ちするように&効率よく使えるように
することが基本です。どこに何を収納しているか、お見せしましょう。

野 菜が傷まないように保存するコツは、6ページでご紹介した冷蔵庫内の温度差を知って、それぞれの野菜を正しい場所に収納すること。各野菜について、どこにしまえばいいのか解説していますので、参考にしてください。

こちらがわが家の冷蔵庫です。2、3日で食べ切るものにはご紹介するような保存法を実践していませんが、多く買ったものや旅行や地方出張で家を数日空けるときは、キッチンペーパーで包んでポリ袋に入れるなど、この本のように保存法を実践して野菜を長持ちさせています。

野菜室の上段には使いかけの野菜を入れた「使いかけボックス」を作り、調理の際にはここから使うように心がけ、最後まで食べ切る工夫をしています。整理整頓を心がけ、ひと目で何がどこにあるのかわかるようにすることで使い忘れも防いでいます。

冷蔵庫のドアポケット

クレソンは、水を張った
グラスに立たせて。

使いかけボックス。

野菜室

すぐ使わない野菜は、
キッチンペーパーで包んで。

上のトレーを外すと、
下にも整理整頓された野菜が。

6章

どっさり野菜レシピ

保存野菜をたっぷり使ったメインおかずや、サラダを紹介します。
野菜の皮や芯など、捨てがちな部分を使った料理も！
おいしく野菜を使い切れるレシピの数々です。

中華風アクアパッツァ

魚介類の旨味とトマトの酸味、大根の滋味深さとおいしさ満点。
華やかなので、おもてなし料理にもおすすめです。

材料（2人分）

鯛の切り身	2切れ
あさり	200g
大根	150g
ミニトマト	5個
豆苗	½株
ごま油	大さじ1
酒	大さじ2
A 水	400mℓ
しょうゆ	小さじ1
顆粒鶏がらスープの素	小さじ1

作り方

1 鯛はひと口大に切り、あさりは砂抜きして殻をこすり合わせて洗う。

2 大根は2mm幅のいちょう切り、ミニトマトは半分に切り、豆苗は根元を切り落として3等分に切る。

3 フライパンにごま油を入れ中火で熱し、鯛を焼く。両面に焼き色がついたら、あさりと酒を加えて、ひと混ぜする。

4 Aと大根を加えて蓋をし、中火で5分煮込み、豆苗とミニトマトを加えてひと煮する。

レンジで いんげんとコーンのキーマカレー

緑に黄色と、見た目もたのしいキーマカレー。
ごはんにも合うので、お弁当のおかずにも。

材料（2人分）

いんげん	6本
とうもろこし	½本
玉ねぎ	¼個
合いびき肉	100g
ナン	2枚
A ケチャップ	大さじ2
カレー粉	小さじ⅔
中濃ソース	小さじ½
しょうゆ	小さじ½
顆粒コンソメ	小さじ½

作り方

1 いんげんはヘタと筋を取り、1cm幅に切る。
とうもろこしは包丁で芯から粒をそぎ取り、
玉ねぎはみじん切りにする。

2 ボウルに**1**と肉、**A**を入れてよく混ぜる。

3 ふんわりとラップをかけ、電子レンジで5
分加熱する。

4 ひと混ぜして器に盛り、ナンを添える。

鶏肉としめじのクリーム煮

鶏肉はそぎ切りにして、調理時間の短縮に。
クリームのコクと、パセリの爽やかな香りが好相性です。

材料(2人分)

鶏むね肉	1枚
塩・こしょう	各少々
小麦粉	大さじ2
しめじ	1株
バター	30g
白ワイン	大さじ3
ごはん	茶碗2杯分
パセリ(みじん切り)	大さじ1
A 生クリーム	1カップ
顆粒コンソメ	小さじ1

作り方

1 鶏肉はそぎ切りにして塩・こしょうを振り、小麦粉をまぶす。しめじは根元を切り落としてほぐす。

2 フライパンにバターを入れ弱火で熱し、鶏肉を入れ両面焼く。肉に軽く火が通ったら、しめじを加えてさっと炒める。

3 ワインをかけて蓋をし、中火で3分ほど蒸し焼きにしたら、Aを加えてとろみが出るまで煮る。

4 ごはんにパセリのみじん切りを混ぜて、器に3と盛る。

夏野菜のさっぱり揚げびたし

ひと皿で緑黄色野菜をたっぷりいただけます。
お酒のおつまみやごはんのおかず、そうめんに添えても。

材料(2人分)

かぼちゃ	100g
ズッキーニ	½本
パプリカ(赤)	½個
しし唐	6本
A めんつゆ(ストレート)	100mℓ
酢	大さじ1

作り方

1 かぼちゃは種を取って6〜7mm幅の薄切り、ズッキーニは1cm幅の輪切り、パプリカは種とワタを取り、1cm幅に切る。しし唐は包丁の刃先で数か所切り目を入れる。

2 170℃の油(分量外)で、1の野菜を順に揚げる。

3 揚がったものから**A**に加え、そのまま味がしみ込むまでしばらく置く。

牛肉の甘酢炒め

甘酸っぱい味つけに、ごはんが進みます。
れんこんは皮ごと使って、栄養を丸ごといただきましょう。

材料(2人分)

牛薄切り肉	100g
れんこん	150g
小松菜	¼束
ごま油	大さじ1
酒	大さじ1
A しょうゆ	大さじ1と½
砂糖	大さじ1と½
酢	大さじ1と½

作り方

1 牛肉はひと口大に切って薄く片栗粉(分量外)を
まぶす。れんこんは皮ごと8mm幅の半月切りにし、
酢水に5分ほどさらして水けを拭き取る。小松菜
は3cm長さに切る。

2 フライパンにごま油を入れ中火で熱し、牛肉とれ
んこんを炒める。焼き色がついたら酒を加え、火
が通るまでさらに炒める。

3 小松菜を加えてさっと炒め、**A**を加えて煮からめる。

海老とブロッコリーのアヒージョ

にんにくの香りが食欲をそそります。
旨味のしみ出たオイルにバゲットをつけて。

材料（2人分）

海老（ブラックタイガー）········6～8尾
ブロッコリー····································¼株
まいたけ······································½パック
バゲット（薄切り）·····························適量
A オリーブオイル·····················200㎖
　にんにく（みじん切り）·········2片分
　塩···小さじ⅔
　鷹の爪（種を取る）·····················1本

作り方

1 海老は殻をむいて背中に切り込みを入れ、背ワタがあれば取り除く。ブロッコリーは小房に分け、まいたけは食べやすい大きさに手で割く。

2 鍋に1とAを入れて弱火にかけ、火が通るまで加熱し、トーストしたバゲットを添える。

レンジでラタトゥイユ

野菜をレンジで加熱するから、簡単・時短。
冷めてもおいしいので常備菜にも。

材料（2人分）

トマト	1個
かぼちゃ	100g
なす	1本
ズッキーニ	½本
玉ねぎ	¼個
バジル	適宜
A オリーブオイル	大さじ2
塩	小さじ½
にんにく（すりおろし）	½片分

作り方

1 野菜はすべて2cm角に切る。

2 耐熱ボウルに1とAを入れてよく混ぜ、ふんわりとラップをかけ、電子レンジで8分加熱する。

3 取り出してひと混ぜし、ラップをしないでもう2分加熱する。

4 器に盛り、あればバジルを飾る。

にんじんと絹さやの卵炒め

ツナと卵が、にんじんと絹さや特有の香りを
やさしく包みます。野菜が苦手なお子さんにも。

材料(2人分)

にんじん	100g
絹さや	10枚
ごま油	大さじ1
ツナ	1缶 (70g)
卵	1個
白いりごま	適量
A 砂糖	小さじ1
しょうゆ	小さじ1
酒	小さじ1
顆粒和風だし	小さじ¼

作り方

1 にんじんは千切り、絹さやは筋を取って斜め細切りにする。

2 フライパンにごま油を入れ中火で熱し、1を加え炒める。

3 しんなりしたら、ツナを加えて炒め合わせ、Aで調味する。

4 溶き卵を加えて大きく混ぜ、火を止めてしばらくそのままにして、余熱で火を通す。

5 卵が固まったら軽く混ぜ、器に盛り、白ごまを振る。

豚バラ白菜のにんにく塩鍋

タンパク質やビタミン類などをバランスよく摂れる鍋。
煮るとかさが減って、量を食べられるのもいいところです。

材料(2人分)

豚バラ薄切り肉	200g
白菜	⅛個
エリンギ	1パック
長ねぎ	1本
A だし汁	800mℓ
みりん	大さじ3
酒	大さじ1
塩	大さじ½
にんにく(薄切り)	2片分
鷹の爪(小口切り)	大さじ1

作り方

1 豚肉と白菜はひと口大に切り、エリンギは長さを半分に切って、縦4〜6等分の棒状に切る。長ねぎは小口切りにする。

2 鍋に白菜・エリンギ・豚肉・長ねぎの順に半量ずつ重ね、もう1度繰り返す。

3 Aを注いで中火にかけ、沸騰したらアクを取り、蓋をして弱火で10分煮る。

パセリのサラダ

栄養豊富なパセリをたくさんいただけるサラダです。
爽やかな香りは、肉料理の箸休めにもぴったり。

材料（2人分）

パセリ	1束
トマト	½個
きゅうり	1本
玉ねぎ	¼個
A 酢	大さじ2
オリーブオイル	大さじ2
塩	小さじ½
こしょう	少々

作り方

1 パセリは葉を摘んでみじん切り、トマトは
  1cm幅の角切り、きゅうりは1cm幅のいちょ
  う切りにする。

2 玉ねぎはみじん切りにして5分ほど水に
  さらし、水けを切る。

3 ボウルに**A**を入れてよく混ぜ、**1**と**2**を加
  えて和える。

ごぼうチップスサラダ

しゃきしゃきした葉野菜とぱりぱりごぼう。
食感が楽しい、さっぱりサラダです。

材料（2人分）

水菜	100g
三つ葉	30g
ごぼう	⅓本
粉唐辛子	適量
A しょうゆ	大さじ1
砂糖	大さじ1
レモン汁	大さじ1
ごま油	大さじ1

作り方

1 水菜と三つ葉は3cm長さに切る。
2 ごぼうはささがきにして軽く水にさらし、水けを拭き取り、170℃の油（分量外）で素揚げする。
3 器に**1**を盛り**2**をのせ、よく混ぜ合わせた**A**をかける。あれば粉唐辛子を振る。

アボカドとミニトマトの白和え

クリーミーなアボカドとトマトは好相性。
リコピンの吸収率も高まる食べ合わせです。

材料（2人分）

アボカド	1個
ミニトマト	5個
豆腐（絹）	100g
A 白ねりごま	大さじ1
砂糖	小さじ1
昆布茶	小さじ⅓
塩	小さじ⅓

作り方

1 アボカドは皮と種を取ってひと口大に切り、ミニトマトはヘタを取って縦半分に切る。
2 豆腐は10分程度水切りして**A**とよく混ぜ合わせ、**1**を加え和える。

大根の皮の
ポン酢漬け

材料（作りやすい分量）

大根の皮100gを細切りにする。ポリ袋に大根の皮とポン酢大さじ4、はちみつ小さじ1を入れて、空気を抜いて口を結び、冷蔵庫でひと晩置く。

ゴーヤーのワタの
ピカタ

材料（作りやすい分量）

種を取ったゴーヤーのワタ1本分をひと口大に切り、塩・こしょうを少々振る。フライパンにサラダ油を適量入れ中火で熱し、ゴーヤーのワタを溶き卵1個分に何度かくぐらせ、両面焼く。器に盛り、ケチャップ適量を添える。

ブロッコリーの芯の
ナムル

材料（作りやすい分量）

表面の固い皮をむいたブロッコリーの芯1本を細切りにする。ボウルにブロッコリーの芯を入れ、塩ひとつまみを振って、ごま油小さじ½で和える。ふんわりとラップをかけ、電子レンジで1分加熱する。器に盛り、白いりごま適量を振る。

かぶの葉と
塩昆布のおにぎり

材料（作りやすい分量）

かぶの葉30gを熱湯でさっとゆで、水け
を絞って小口切りにする。ごはんにかぶ
の葉と塩昆布ひとつまみ、白いりごま小
さじ1/2、ごま油小さじ1/2を加えてよく混
ぜ、おにぎりにする。

キャベツの芯の
柚子味噌漬け

材料（作りやすい分量）

キャベツの芯1/2個分を縦4等分に切る。
ポリ袋にキャベツと味噌大さじ1、みりん
大さじ1、すりおろした柚子の皮適量を
入れて軽くもみ、空気を抜いて口を結び、
冷蔵室でひと晩漬ける。食べるときは、
味噌を軽くぬぐって器に盛る。

にんじんの皮の
きんぴら

材料（作りやすい分量）

フライパンにごま油小さじ2/3を入れ中
火で熱し、ピーラーでむいたにんじんの
皮1本分を炒める。しんなりしてきたら
しょうゆ小さじ2/3、酒小さじ2/3、砂糖小
さじ2/3を加えて煮からめる。

索引

島本美由紀
Shimamoto Miyuki

料理研究家・ラク家事アドバイザー・食品ロス削減アドバイザー。実用的で手軽に作れる料理レシピの考案はもちろん、エコの視点から食品保存&冷蔵庫収納のアイデアも提案。雑誌やテレビなどのメディア、講演会を中心に活躍し、『もっと野菜を! 生のままベジ冷凍』(小学館)など、著書は60冊を超える。
http://shimamotomiyuki.com/

食品ロスをなくして節約!

野菜が長持ち&使い切るコツ、
教えます!

2020年 6 月13日　初版第1刷発行
2020年10月17日　　　第2刷発行

著者　　島本美由紀
発行者　小澤洋美
発行所　株式会社　小学館
　　　　〒101-8001　東京都千代田区一ツ橋2-3-1
　　　　電話(編集)　03・3230・5192
　　　　　　(販売)　03・5281・3555
印刷所　共同印刷株式会社
製本所　株式会社若林製本工場

©Miyuki Shimamoto 2020 Printed in Japan
ISBN978-4-09-310653-5

Staff
撮影／深山徳幸
写真協力／千葉充
アートディレクション／大薮胤美 (フレーズ)
装丁・デザイン／岩瀬恭子 (フレーズ)
取材・文／長谷川未緒
スタイリスト／深川あさり
調理アシスタント／原久美子
栄養監修／加藤彩子
校正／玄冬書林

制作／遠山礼子・星一枝
販売／椎名靖子・小菅さやか
宣伝／野中千織
編集／益田史子

＊造本には十分注意しておりますが、印刷、製本など製造上の不備がございましたら「制作局コールセンター」
　(フリーダイヤル0120・336・340)にご連絡ください(電話受付は、土・日・祝休日を除く9：30〜17：30)。

＊本書の無断での複写(コピー)、上演、放送等の二次利用、翻案等は著作権法上の例外を除き禁じられています。

＊本書の電子データ化などの無断複製は著作権法上の例外を除き禁じられています。
　代行業者等の第三者による本書の電子的複製も認められておりません。